승유순의 공감소통

푸드 테라피

언피니트앳컨설팅　　　　송유순지음

요즘 삶의 질이 향상됨에 따라 먹고사는 문제의 해결에서 벗어나 인생을 행복하게 살기 위한 방법으로 좋은 것을 먹는 것에 대한 관심이 증가하였다. 먹는 것은 생존적인 측면에서도 중요하지만, 행복한 삶을 살기 위한 방법으로도 요리의 중요성은 날로 증가하고 있다. 이러한 시대적인 요구에 의하여 각 방송사에서도 좋은 것을 먹는 것에 대한 관심을 반영하여 요리와 관련된 각종 프로그램을 기획하여 방송하고 있다.

먹는 것의 관심 증가는 요리와 관련된 교육도 증가하게 하고, 각종 요리와 관련된 프로그램들이 각종 평생교육 기관에서도 운영되고 있다. 이러한 측면에서 요리는 교육으로 저변 확대가 되면서 푸드 테라피라는 분야가 새롭게 등장하고 있다. 더욱이 사회가 복잡해지고 힘들어짐으로 인해서 심리적으로 여러 문제가 생김에 따라 심리학의 발달과 심리치료 방법들이 우후죽순처럼 증가하고 있다. 한때 심리치료에서 미술치료나 음악치료는 매우 중요한 심리치료로 등장하여, 대학교에서 전공이 생기고 전국 평생교육원에서 유행처럼 각종 치료사 과정이 개설되었다.

요리가 다양한 영역에 응용되면서 심리치료의 증가와 함께 푸드 테라피가 점차 주목을 받고 있다. 푸드 테라피는 요리를 매개체로 내담자가 가지고 있는 정신적이고, 신체적인 문제나 장애를 해결하는 심리치료 방법 중의 하나다. 미술치료나 음악치료는 오래전에 등장하여 이느 정도 시장을 형성하고 있기 때문에 익숙한 명칭이지만 '푸드 테라피'는 아직 생소한 분야다. 푸드 테라피는 다른 심리치료에서도 그렇지만 요리라는 매개체를 가지고 내담자와 상담을 통해서 내담자가 가지고 있는 심리적 문제를 진단하거나 치료하는 것이다. 요리는 말이나 글보다 심리적 상황을 더욱 쉽게 표현해낼 수 있는 표현 수단으로 활용할 수 있다.

푸드 테라피는 미술이 표현할 수 있는 모든 기법을 동원하여 치료를 할 수 있으며, 푸드 테라피를 통해 각자 가지고 있는 심리적인 문제, 즉 내면의 상처 나 불안, 스트레스 등을 치유할 수 있다. 푸드 테라피를 통해 얻어진 내면의 힘은 보다 긍정적인 눈으로 앞으로의 삶을 가꾸어 나갈 자양분이기 때문이다.

이 책은 푸드 테라피를 처음으로 공부하는 사람은 물론 어떻게 심리 상담에 활용해야 할지 막막한 이들에게 도움을 주고자 집필한 개론서이다. 단순한 개론서가 아니라 실질적으로 심리 상담을 필요한 사람들을 위한 책이라는 관점에서 집필하였다.

지은이 송유순

목차

제1장

푸드 테라피와
요리심리상담사

01 푸드 테라피의 정의

푸드 테라피(Food Therapy)는 음식(Food)과 치료(Therapy)가 결합된 합성어로 음식예술치료 또는 FT라고도 한다. 음식(Food)을 매개체로 하여 음식이 가지고 있는 형질이나 형태를 가지고 자신의 내면세계를 창의적인 예술 활동을 통해서 치료(Therapy)하는 것을 말한다.

결국 푸드 테라피는 심리학을 이론적 바탕으로 하여, 요리가 가지고 있는 장점과 다양한 조리방법을 통해서 자아표현, 자아수용, 승화, 통찰하는 과정에 개인이 가지고 있는 심리적인 문제를 해결하고, 자아성장을 촉진시키기 때문에 심리치료의 한 분야라고 할 수 있다. 따라서 푸드 테라피는 재미있고 쉽게 접근할 수 있기 때문에 교육에 활용하기도 하고 심리치료에 활용되고 있다.

푸드 테라피는 말로써 표현하기 힘든 느낌, 생각들을 요리를 하는 과정과 작품을 통해 표현하여 안도감과 감정의 정화를 경험하게 하고 내면의 마음을 돌아볼 수 있도록 하며 자아성장을 촉진시키는 치료법이다. 그리고 푸드 테라피는 개인이 가지고 있는 다양한 정신적인 외상들이 푸드 테라피 활동을 통해 표현됨으로써 개인이 지니고 있는 긴장과 불안을 해소하게 되며, 개인이 가진 정신적이고 신체적인 문제를 극복하고 해결하는 데 도움을 준다.

푸드 테라피는 크게 두 가지 방법으로 이루어집니다. 첫 번째 방법은 음식을 통해 영양을 공급하는 것이다. 사람의 특정 질환을 치료하기 위해 필요한 영양소를 함유한 음식을 섭취함으로써 질환을 치료하거나 예방할 수 있다. 예를 들어, 고혈압을 예방하기 위해서는 칼륨이 풍부한 음식을 섭취하는 것이 좋다. 두 번째 방법은 따라서 푸드 테라피는 심리 치료의 일종으로 요리 활동을 통해 감정이나 내면세계를 표현하고 기분의 이완과 감정적 스트레스를 완화시킨다. 예를 들어, 요리를 할 때는 창의력을 발휘하고, 음식을 먹을 때는 가족이나 친구들과 함께 즐거운 시간을 보낼 수 있다.

푸드 테라피는 누구나 쉽게 할 수 있는 방법이다. 특별한 기술이나 장비가 필요하지 않으며, 누구나 자신의 생활에 맞게 푸드 테라피를 적용할 수 있다. 푸드 테라피는 건강을 회복하거나 유지하고, 심리적 치료를 하는 데 도움이 되는 효과적인 상담 방법이다.

02 푸드 테라피의 등장 배경

과거에는 먹고살기 위한 생존적 차원에서 요리가 있었으나, 현대는 인생을 즐기기 위한 방편으로 요리가 존재하고 있다. 따라서 요리는 그 자체로서만 해도 인간에게 영원히 흥미를 줄 수밖에 없는 것이며, 생존을 위해 누구도 빗겨나갈 수 없는 테마이다. 요리는 누가 가르치지 않아도 기본적으로 습득하는 기능이기도 하고, 취미나 특기로써 직업으로서도 각광받고 있는 분야이기도 하다.

인간은 먹는 것에 대해 보편적으로 흥미를 가지고 있기 때문에 요리하는 것은 즐거운 분위기에서 적극적으로 이루어진다는 것을 바탕으로 푸드 테라피가 탄생하게 된 것이다. 푸드 테라피는 인간이면 누구나 관심이 있는 식자재를 가지고 요리를 하는 과정에서 푸드 테라피는 내담자가 가지고 있는 심리적이고 행동적인 문제에 대한 심리치료가 이루어진다.

요리는 인간의 생리적 욕구를 충족시키는 중요한 통로이며, 생존을 위해서 가장 중요한 것 중에 하나이다. 더욱이 푸드 테라피는 매일 먹는 요리재료를 통하여 자신의 심상을 표현해 놓은 것이고, 그것은 생명을 유지하기 위한 활동이기도 하지만 자신의 상상력과 경험을 바탕으로 이루어진다는 데서 다른 치료와 근본적으로 다르다고 할 수 있다.

결국 푸드 테라피는 심리적 치유와 자기 표현을 촉진하기 위해 식자재를 가지고 창조적 예술을 결합한 치료적인 접근 방식이다. 이 접근 방식은 예술 치료의 한 형태로서, 음식을 사용하여 개인의 감정, 경험, 상상력, 그리고 정서적인 부분들을 표현하고 탐구하도록 유도한다.

푸드 테라피를 통한 심리치료가 가능한 것은, 푸드 테라피를 하는 과정과 완성된 작품을 통해 우리의 내면세계라고 할 수 있는 정신세계를 표현해 주고, 우리의 외면 세계라고 할 수 있는 현실을 구체적인 모습으로 표현해 주며, 그것을 먹을 수 있다는 데서 푸드 테라피는 다른 어떤 치료 방법에 비하여 강력한 치료적 성격을 가지게 되었다.

03 푸드 테라피와 요리교육

원래 푸드 테라피와 요리 교육은 식자재를 가지고 요리 활동을 하는 것으로 같은 맥락을 가지고 있다. 그러나 요리 교육과 푸드 테라피는 유사성이 있지만 동일한 것은 아니다. 요리 교육은 생존을 유지하거나 삶의 질을 높이는 데 꼭 필요한 교육이다. 따라서 요리 과정보다는 결과물에 비중을 두고 교육이 이루어진다. 그러나 푸드 테라피는 푸드 테라피가 가지고 있는 미술적 요소와 과학적 원리가 바탕이 되어 내담자가 가지고 있는 문제를 해결하는 치료 과정이다.

푸드 테라피는 작품의 결과보다는 작업과정을 통한 치료사와의 상호작용과 과정 자체에 비중을 두고 그로 인해 얻어진 작품이 내담자에게 의미를 준다.

요리 교육과 푸드 테라피의 차이점을 보면 다음과 같다.

〈표 1-1〉 요리 교육과 푸드 테라피의 차이점

구분	요리 교육	푸드 테라피
목적	1. 창의성을 발달시킨다. 2. 결과물이 다양하다. 3. 미적인 감각을 발달시킨다. 4. 행복감을 증진시킨다. 5. 상상력을 증진시킨다. 6. 긴장을 완화시킨다.	1. 분노, 적대감 등의 부정적 감정을 해소시켜 준다. 2. 내담자의 의사를 표현하게 한다. 3. 성취감 및 자아개념 인식을 깨닫게 한다. 4. 인지능력을 높여준다. 5. 신체적 기능 발달에 도움을 준다. 6. 긍정적인 관계 형성에 도움을 준다.
대상	일반 아동	일반 아동 + 장애 아동
성장	1. 신체적 성장	1. 발달장애 아동의 신체 발달

2. 정서적 성장 3. 지적 성장 4. 지각의 성장 5. 사회적 성장 6. 심미적 성장 7. 창의적 성장	2. 정서장애 아동의 정서 능력 함양과 안정 3. 언어장애 아동의 인지능력 향상 4. 인지 능력 향상 5. 대인관계 형성 6. 학습장애아의 지능개발 7. 자기표현력 증진

　전체적으로 위와 같은 근거로 접근하여 본다면 요리 교육은 교과과정을 통한 전인적인 인격교육으로 미적 능력 함양, 조형능력 향상, 창의력 개발 등을 목적으로 삼지만, 푸드 테라피는 요리 활동을 통하여 마음의 치유를 둔 정서의 순화, 행동수정, 내면의 세계 수정, 신체 가능의 강화 등을 병리적인 현상에 따라서 치료의 목적을 삼는다. 공동 목적으로는 조화로운 인격 발달과 올바른 성장에 기여하는 것이다.

04 요리심리상담사

　요리심리상담사란 "푸드 테라피 활동을 매개로 정서적·심리적·사회적 장애를 겪고 있는 내담자의 증상을 완화시키고 원만하고 창조적으로 살아갈 수 있도록 도와주며, 치료하는 전문가"라고 정의할 수 있다.

　푸드 테라피는 '요리'와 '치료'라는 두 분야가 합쳐진 합성어이므로 요리심리상담사의 입장을 두 가지로 나눌 수 있다. 하나는 요리를 중시하는 입장이고 다른 하나는 치료를 중시하는 입장이다. 요리를 중시하는 입장은 요리를 창조하는 행위 그 자체가 치료적이라고 보는 것으로 보고 있으며 이는 전통적으로 요리에 관련된 일들을 하신 분들의 입장이다. 그러나 치료를 중시하는 입장은 푸드 테라피는 단지 내담자의 심리를 진단하고 치료하는데 사용하는 매개로 보는 심리 상담학에 전문적인 지식을 가진 분들의 입장이다.

　푸드 테라피는 심리 상담의 한 유형이다. 따라서 푸드 테라피는 심리적 문제를 지닌 내담자와 상담할 때 내담자의 마음 상태에 따라서 단순히 대화로만 진단하거나 치료하는 것이 아니라 상담 도중에 내담자의 상태를 보아가며 여러 가지 푸드 테라피 활동(즉, 푸드 테라피 활동으로 요리 재료가 주는 상징적 의미, 그림, 디자인, 조리 전 영역이 포함)을 제시하여 내담자의 마음을 정확하게 읽고 내담자의 마음이 진정되게 하여 내담자 스스로 자신의 마음을 알고 문제를 자각하게 하고, 문제행동을 수정하게 해주는 것이다.

　결국 요리심리상담사는 내담자들의 다양한 푸드 테라피 활동을 통해서 파악하기 어려운 무의식의 세계를 객관적이고 체계적으로 탐구해 가는 효과적인 치료기법을 습득한 전문가이어야 한다.

05 요리심리상담사의 자질

요리심리상담사를 양성하기 위한 교육과정에는 크게 푸드 테라피에 대한 지식과 심리치료에 대한 지식이 포함되어야 한다. 푸드 테라피에 대한 지식은 요리를 잘할 필요는 없지만 푸드 테라피에 사용되는 요리 재료의 기본적인 특성과 영양과 조리방법 등에 대한 지식이 필요하다. 심리치료에 대한 지식은 심리학적인 기본 지식을 바탕으로 심리치료와 관련된 제반 이론 및 진단 방법, 분석 방법, 처치 방법, 치료사의 독창성 등이 포함된다. 요리심리상담사로서 갖추어야 할 자질을 보면 다음과 같다.

1) 내담자의 푸드 테라피 과정과 완성된 작품에서 나타난 특이성을 찾아내고 이를 진단하고 치료하는 지식을 가지고 있어야 한다.

2) 푸드 테라피를 통해 내담자가 가지고 있는 심리적인 증상을 심리 치료적인 관점에서 분석 또는 진단하고, 나아가서 치료적인 방향 설정을 할 수 있는 지식을 가지고 있어야 한다.

3) 요리심리상담사가 얻고자 하는 문제 해결 방법에 적절한 푸드 테라피를 선택하여 무리가 없는 치료 과정을 이끌어 갈 수 있는 능력이 있어야 한다. 이러한 능력은 지적인 차원으로 터득할 수도 있지만, 푸드 테라피 경험이 축적됨으로써 가능하다.

4) 진단이나 치료는 경험 없이 하는 것이 아니라 다양한 임상실습을 거쳐 객관화된 데이터를 가지고 치료를 해야 한다. 원리를 알았다고 해서 바로 치료를 하게 되면 내담자의 특성에 따라 적용되지 않는 원리가 생길 수 있으므로 다양한 임상실습은 요리심리상담사의 전문적인 진단과 치료의 결정에 도움이 된다.

5) 내담자는 성별과 나이, 성장 배경, 생활환경에 따라 다양한 결과가 나타나므로 내담

자의 고유성을 감지하고 적절하게 대처할 수 있는 능력이 있어야 한다. 이러한 능력은 자신의 오랜 임상 경험으로 생긴다.

6) 요리심리상담사는 객관성을 유지하려는 노력을 해야 한다. 내담자의 푸드 테라피에 대한 과정이나 결과를 바탕으로 분석해야 한다. 그러나 요리심리상담사도 사람이라 선입견에 의하여 진단 및 치료를 하게 되면 객관성을 잃게 되고 잘못된 결과를 가져올 수 있다.

7) 끊임없이 새로운 지식을 습득해야 한다. 세상이 변할수록 다양한 정신적이고 정서적인 문제들이 나타남으로 인해서 요리심리상담사는 전문성을 확보하기 위하여 부단히 노력해야 하며, 자신만의 창의적인 방법을 얻기 위해서 전문지식의 탐구를 게을리해서는 안 된다.

8) 내담자의 잠재력과 가능성을 믿어야 한다. 요리심리상담사는 내담자를 만남과 동시에 내담자의 잠재 능력이 있다고 믿고 잠재 능력을 발견하려는 노력을 해야 한다. 또한 목표를 달성할 수 있는 가능성이 있다는 생각을 가지고 내담자에 대한 신뢰감을 표현해야 한다. 내담자는 요리심리상담사의 신뢰감에 비례해서 마음의 문을 열고 자신을 솔직하게 보이기 때문이다.

06 요리심리상담사의 역할

요리심리상담사의 역할은 요리심리상담사가 중심이 되어 참여하느냐, 보조자로 참여하느냐에 따라 다양하고, 그 성격은 내담자의 생물학적 배경이나 정의적 특성, 치료 목표, 치료 기간, 치료의 초기냐 말기냐 등에 여러 가지 변수에 의해 결정된다.

1) 지도자

지도자는 보통 사람과는 달리 어딘가 특별한 소질을 가지고 남들을 이끌어야 한다는 것이 통념이긴 하지만, 어떤 것을 실증적으로 밝히고자 하는 심리학적 의미도 가지고 있다. 따라서 푸드 테라피에서 내담자에게 푸드 테라피의 원리를 알려주고, 지도해 줌으로써 지도자의 의미가 있지만 푸드 테라피를 통해서 내담자의 상황을 진단 분석하고 이를 실증적으로 밝혀낸다는 데서 요리심리상담사는 지도자의 역할을 수행해야 한다.

2) 동반자

치료에는 요리심리상담사와 내담자로 역할이 구분되어 있으나 치료 과정에서는 요리심리상담사와 내담자에 대한 구분보다는 치료 기간 동안 동반자가 되어야 한다. 따라서 내담자가 어떤 상황에 놓여 있더라도 그에 맞추어 치료 과정을 이끌어 가야 한다. 예를 들어 치료 기간은 단기이고 내담자의 자아기능이 미성숙하면 요리심리상담사의 태도가 적극적이고 지지적이어야 할 것이다.

반대로 내담자의 자아기능이 성숙하고 치료 기간이 길면 요리심리상담사의 태도가 인내를 갖고 인간적인 교류를 깊게 가져야 한다. 즉 허용적인 태도로 작품이 이루어져 가는 것을 음미하고 그 내용을 수용하면서 내담자의 마음을 느낄 수 있는 동반자가 되어야 한다.

3) 안내자

요리심리상담사는 내담자에게 도움을 주는 존재로 인식되는 것만으로는 부족하다. 수동적으로 도움을 주는 존재이면서도 적극적으로 올바른 방향을 안내하는 안내자가 될 수 있어야 한다. 따라서 요리심리상담사가 제안하는 대로 내담자가 따라올 수 있도록 해야 한다. 어떤 일을 해야 하는 이유와 방법, 내용과 과정을 구체적으로 충분히 이해할 수 있도록 안내하고 이끌어 주어야 한다.

4) 교사

교사는 학습목표를 실현할 수 있도록 학습자에게 가르치는 역할을 수행하는 전문가로, 푸드 테라피에서도 내담자가 하기 어려운 푸드 테라피 활동은 가르쳐 주어야 하기 때문에 요리심리상담사는 교사가 되어야 한다. 그러나 푸드 테라피 활동에서 교사라고 해서 모든 것을 다 가르쳐주고 해주면 내담자는 수동적으로 변해서 의존하게 되며 원하는 결과를 얻을 수 없다.

따라서 내담자가 푸드 테라피 활동을 사용하여 자신을 표현할 때 기술적으로 좌절하지 않도록 도와주는 역할을 해야 한다. 만약 내담자가 자신의 힘으로 끝까지 해보고 싶은 의지가 강해 도움을 거절하면 요리심리상담사는 항상 기다려 주는 자세가 필요하다.

5) 촉진자

촉진자는 원하는 목표를 빠르게 달성하도록 이끌어 주는 사람 즉, 강화해 주는 사람을 말한다. 푸드 테라피는 평소에 관심은 있었지만 해보지 않은 것이 많고, 각종 조리 도구를 사용해서 푸드 테라피를 하는 것이므로 새로운 시도에 대해서 불안감이 생길 수 있다. 따라서 푸드 테라피에 대한 불안을 극복하고 새로운 표현을 시도하려면 푸드 테라피의 과정에 대한 강화가 필요하다.

과정에 대한 강화는 대개 내담자가 시각적으로 표현하는 내용을 요리심리상담사가 언어적으로 반영해 주면 충분하다. 특히 내담자가 아동일 경우에는 요리심리상담사의 강화가 필요하다. 이때 요리심리상담사는 작품 결과에 비중을 두는 칭찬의 말은 하지 않도록 주의해야 한다. "잘 만들었구나.", "네가 제일 잘 만들었단다"라고 칭찬을 하게 되면 내담자는 오로지 작품 결과에만 관심을 두게 하여 새로운 표현 방법을 시도하지 못하게 할 수도 있다.

따라서 강화는 예를 들어 내담자가 집을 만들고 있으면 "집을 만들고 있구나" 어떤 그림을 그리면 "~~을 그리는구나"라는 관심을 가져 주는 것을 말한다. 요리심리상담사의 관심은 내담자 자신에게 관심을 가지고 있다는 확신이 있어 편안하게 새로운 표현을 시도할 수 있게 한다.

6) 동료 역할

푸드 테라피를 위한 활동 중에서 특히 자아개념과 같이 개인적 현상에 대한 진단을 하려면 내담자가 다른 사람의 도움을 받지 않고 스스로 작품을 만들어가도록 하게 하고 요리심리상담사는 주시를 통해 내담자의 푸드 테라피에 대하여 진단하고 치료해야 한다. 그러나 사회성에 관련된 문제를 진단하기 위해서 내담자와 라포를 형성하고 관계 형성을 위해서 내담자의 참여 의식을 높이고 라포를 형성하는 것을 위해서 함께 푸드 테라피에 참여하는 것이 좋다. 그러나 내담자가 아동일 경우에는 요리심리상담사의 우수한 푸드 테라피가 오히려 아동의 사기를 꺾고 모방을 유도하는 경우가 있으므로 특히 유의하여 요리심리상담사는 아동의 표현 수준으로 표현하는 것이 좋다.

07 요리심리상담사의 전망

우리나라에서는 아직 푸드 테라피라는 말은 매우 생소하게 들릴 수 있다. 삶의 질이 향상되면서 요리에 대한 관심이 많아지고 비로소 요리가 중요한 문화로 자리를 잡게 된 것도 얼마 되지 않았다. 요즘에는 아동의 발달에 있어서 요리가 창의력이나 지능을 향상하는 데 도움이 된다는 임상들이 발표되면서 아동에게 요리를 가르치는 프로그램들이 우후죽순처럼 생겨나 요리심리상담사를 양성하고 있다.

일부 복지관이나 일부 상담소에서는 아동을 대상으로 상담할 때 요리를 가지고 진단하거나 치료하는 데 사용하기 시작하는 곳이 생겨나고 있다. 그러나 아직 푸드 테라피가 정식적으로 일자리가 있는 것도 아니고, 정해진 것도 없다. 이러한 이유에는 요리가 치료에 사용될 수 있다는 가능성도 요즘에 와서 거론되는 것이며, 아무도 본격적으로 시작하지 않았기 때문이다. 하지만 지금은 사회 복지의 발전에 힘입어 매우 빠른 속도로 보급이 되어가며, 그 효과도 각종 매스컴을 통해 알려지면서 더욱 사람들의 관심이 높아지고 있기에 앞으로 더욱 유망한 직종이 될 것이다.

배출된 아동요리지도자들이 전문성을 갖게 될수록 요리심리상담사에 대한 관심을 갖게 될 것이며, 앞으로 각 대학교의 평생교육원에서 다양한 프로그램을 요구하고 있기 때문에 푸드 테라피를 전공할 수 있는 다양한 교육과정이 생겨나게 될 것이다.

대학에서 푸드 테라피에 대하여 관심을 가질 수 있는 관련 학과를 보면 교육학과, 아동학과, 이동복지학과, 심리학 관련 학과, 특수교육과, 사회복지학과, 간호학 관련 학과, 아동교육과, 건강교육과, 청소년지도학과, 교정학과, 식품영양학과, 미술교육과, 종교철학과, 재활학과, 재활치료학과, 정신과, 소아과, 사회학과, 철학과, 보건학과, 언어치료학과, 직업재활학과, 예방의학과 등이다.

푸드 테라피는 아직 아무도 하지 않았다는 데서 새로운 전문성에 도전해볼 수 있는 기회를 제공하고 있는 분야이며, 특히 최근에 도입되기 시작한 아동요리 프로그램이 앞으로 수

요가 더욱 늘어날 전망이므로 남들보다 조금 일찍 도전한다면 빠르게 성장하고 있는 직업으로서 매력이 있다고 하겠다.

앞으로 요리심리상담사를 절대적으로 필요로 하는 기관은 의료기관(보건소, 종합병원, 개인 전문의원, 재활병원), 복지기관(사회복지 기관, 가정복지 기관, 장애인복지관 및 재활원, 장애아 클리닉, 관련 사업체 및 산하 재단 및 사회복지 관련 공단), 교육기관(학교, 평생교육기관, 유치원), 각종심리상담소 등이다. 활동 방법은 앞의 기관에 취업을 해서 정규직원으로 활동을 할 수도 있지만 교육기관에서 강사로도 활동할 수 있다.

제2장

푸드 테라피의 기능

01 교육

　요리는 이전까지 교육의 테마로 보기보다는 생활의 일부분으로 그것도 여성 성인에게만 국한되는 것으로 보았다. 그러나 요리가 심리상담에 있어서 중요한 방법으로 등장하면서 요리에 대한 인식이 바뀌고 있다.

　아동에게 요리가 중요하다는 것은 이제 많은 사람들이 알고 있다. 하지만 그 중요함을 알면서도 아동에게 요리에 대한 마음과 시간을 할애해 주는 교사나 부모님은 많지 않다. 그 이유는 요리에 대한 정확한 인식의 부족에서 오는 것이다. 요리하면 그저 먹는 것을 만드는 것이라고 생각하며 교육과는 거리가 멀다고 생각하기 때문이다. 따라서 성인들은 아동에게 요리하는 것은 굳이 배우지 않아도 된다는 생각을 가진다.

　요리는 어른도 힘든 것인데 굳이 우리 아동에게까지 요리를 배우게 해야 하는가에 의문을 가질뿐더러, 부모는 아동을 놀게 놔두는 것보다는 학습용 문제집을 풀게 하거나 컴퓨터와 '놀게' 하려고 한다. 따라서 요리를 가르치는 것은 아동이 노는 것보다 못하다는 선입견을 가지고 있다.

　그러나 아동의 전반적인 발달에서 푸드 테라피 활동의 역할은 매우 중요하다. 특히 푸드 테라피 활동은 놀이로서 아동이 학습을 하는 기본 형식이기도 하지만 아동의 교육적 발달에 매우 중요한 의의가 있다.

　19세기 프뢰벨이 처음 구상한 유치원을 '킨더가르텐'이라고 부르는데 이는 '아이들의 정원'이라고 하여, 말 그대로 유치원은 아동이 정원에서 놀듯이 그냥 노는 곳임을 의미한다. 결국 아동에게 교육은 놀이처럼 재미가 있어야 한다는 것을 의미한다.

　결국 아이들이 재미있어하는 놀이는 무엇일까를 고민해보면 그것은 바로 푸드 테라피 활동이라고 할 수 있다. 푸드 테라피 활동을 지금처럼 성인들이 하고 있는 복잡하고 오묘한 맛을 내는 요리 활동으로 국한해서 본다면 아동에게 푸드 테라피 활동은 매우 재미없는 것이 되겠지만, 푸드 테라피 활동은 그것보다 포괄적으로 놀이적 요소를 가미하여 요리 재료를 통해 만들기, 그리기 같은 것을 하는 것을 의미한다.

푸드 테라피 활동을 통한 놀이는 내담자의 경험 세계 범위가 넓어지게 된다. 이전에 경험해 보지 못했던 과학과 수학 요리의 원리가 녹아들어 있는 푸드 테라피 활동은 아동에게 자연적으로 기초학습능력의 토대를 만들어 준다. 아동은 푸드 테라피 활동을 통해 기초학습능력을 배우고, 나중에 정규적인 학교교육을 통해 그것을 다시 배우게 된다. 아동은 기초학습능력을 가지고 있기 때문에 학교교육에서 이루어지는 다양한 지식을 습득하는데 누구보다 빠르게 습득하게 되며, 체계화된다. 또한 기본적으로 푸드 테라피 활동을 통해 습득한 것을 다른 것으로 바꾸고 변형시키는 능력을 갖게 되며, 나중에 창의적 사고와 지식 습득을 위해 더할 나위 없이 중요한 토대가 된다.

아동이 푸드 테라피 활동을 통해서 숫자나 단위, 무게의 개념을 익히게 되면 나중에 청소년기가 되어 수학의 원리를 공부할 때 아동이 어린 시절에 경험했던 푸드 테라피 활동을 통해서 자신의 지식을 구체화하게 된다.

특히 아동의 자발적인 동기와 적극적인 참여가 학습효과를 높이는데 무엇보다 중요한데, 푸드 테라피 활동이 이러한 특성을 가지고 있기 때문에 푸드 테라피 활동은 매우 효과적인 학습방법이 될 수 있다고 볼 수 있다. 따라서 푸드 테라피 활동은 아동 발달에 중요한 교육적 기능을 수행한다.

1) 학습능력 향상

푸드 테라피 활동을 하면서 기초 학습능력이 길러진 아동은 조금만 공부해도 이해가 가능하므로 자신감을 갖고 공부하게 된다. 즉 푸드 테라피 활동을 통한 기초학습능력을 익히게 되면 하나를 들으면 열을 알게 된다. 그러나 학습능력이 부족한 아동은 내용을 잘 이해할 수 없기 때문에 공부가 어렵고 지겨워지고 스트레스가 쌓이는 것이다. 결국 학습능력의 차이에 따라서 공부를 잘하기도 하고 못하기도 하는 것이다.

2) 학습에 대한 흥미 증가

푸드 테라피 활동은 아동의 흥미를 바탕으로 하기 때문에 자연스럽게 학습에 대한 흥미를 가지게 되어 스스로 공부를 잘하게 된다. 그러나 기초 학습능력이 부족한 아동은 초등학교 2~3학년만 되면 공부에 대한 흥미를 잃어버리게 된다. 이때 기초학습능력을 길러주지 못할 경우 5~6학년이 되면 학습 부적응아가 되고, 중학생이 되면 완전한 낙오자가 되고 만다.

3) 자기주도적인 학습능력 습득

자기주도 학습능력은 자기 스스로 공부하는 능력을 말하는데, 푸드 테라피 활동을 통해 읽기, 쓰기, 셈하기와 같은 기본적인 학습능력을 갖추게 되면 자연스럽게 공부가 습관이 되는 자기주도적인 학습능력을 갖추게 된다. 학습능력이 없으면 공부를 어떻게 해야 하는지를 모르기 때문에 스스로 공부를 하고자 해도 할 수가 없다.

3) 정보탐색 능력 발달

푸드 테라피 활동 중 동화책을 읽고 관심 있는 부분을 스스로 찾아내고 그 정보가 지닌 의미를 해석하며 그것을 토대로 요리 작품을 만들게 하면 스스로 자신의 지식을 형성해 갈 수 있다. 이렇게 형성된 지식은 잊히지 않고 영원히 자신의 것이 된다. 푸드 테라피 활동을 통한 학습능력의 형성은 단순한 암기력 보다 어휘력, 이해력, 분석력, 요약력, 상상력, 추리력, 비판력, 판단력 등의 사고하는 능력을 키워준다.

4) 언어능력 발달

아동은 자신의 푸드 테라피 활동을 통해서 각종 식자재와 취사도구의 이름을 알게 될 뿐만 아니라 조리방법의 명칭, 조리 상태의 명칭, 조리법 등을 알게 된다. 이를 통해 음식과 관련된 포괄 개념의 새로운 낱말을 알 수 있다.

그리고 아동은 푸드 테라피 활동을 하는 과정에서 느끼는 감정과 정서를 언어로 표현하고, 의사소통을 함으로써 듣기나 말하기 능력을 발달시킬 수 있다. 또한 푸드 테라피 활동을 하면서 손의 소근육을 발달시켜 쓰기 활동의 기초를 이루며, 요리에 관련된 개념을 정립함으로써 읽기 활동을 위한 기초를 닦는다.

5) 기초학습능력 발달

아동은 푸드 테라피 활동을 하면서 무의식적으로 언어나 과학, 수학, 요리, 음악 등을 조합하여 표현함으로써 자연스럽게 교과 과정과의 통합 활동이 이루어진다.

6) 탐구능력 발달

푸드 테라피 활동은 학습에 대한 기본적 원리와 개념을 형성하는데 무엇보다도 효과가 높다. 그만큼 푸드 테라피 활동은 아이들의 집중력과 탐구력을 높여주기 때문이다. 아동을 대상으로 하는 주입식 교육들은 아동을 수동적으로 만들어 학습에 지쳐버리거나 흥미를 잃어버리게 만드는 원인이 된다. 따라서 주입식 교육을 통해서는 아동의 탐구능력을 발달시키기는 어렵고 오히려 학습에 거리를 두고 싫증을 느끼게 할 것이다. 그러나 푸드 테라피 활동은 아동이 좋아하는 것이며, 놀이적 요소를 가미하고 있기 때문에 흥미를 가지고 활동을 통해 원리를 자연스럽게 알게 하고 아동의 호기심을 자극하도록 유도함으로써 바람직한 탐구능력을 이끌 수 있도록 한다.

7) 지능 발달

지능은 지적인 능력을 말하며, '추상적 사상을 다루는 능력'이라고 할 수 있지만 결국은 학습을 잘할 수 있는 능력과 같다. 지능은 통상적으로 인지적 능력, 즉 추리력, 개념형성, 문제해결능력, 창의성 등과 같은 개념들이 관련 있는 것으로 발표되고 있다. 지능은 대개 5세 이전에 왕성하게 발달되고 유전적·환경적 결정요인에 의해 개인차를 나타내기 때문에 부모들의 적극적인 경험과 자극이 지능을 발달시킨다는 것이다. 따라서 푸드 테라피는 오감을 통해서 아동의 두뇌를 자극하게 되고, 대근육이나 소근육 자극에서부터 뇌를 자꾸 활용해야 하므로 두뇌개발과 지능을 발달시킬 수 있는 방법으로 알려져 있다.

8) 창의력 발달

창의성은 특정한 문제 상황에서 가능한 한 많은 양의 아이디어를 산출하는 능력으로 쉽게 말하면 남들과 다르게 생각하는 것을 말한다. 요리는 다른 어떤 아동교육보다 창의적 사고가 필요하며 결과물이 보다 독창적이며 질적으로 우수한 사고를 산출하는 데 효과가 있다. 특히 만들어진 요리는 만드는 과정에서 만드는 방법이나 숙련도에 따라 결과가 아주 다양하게 나오므로 창의성이 높아질 수밖에 없다.

9) 정서 발달

푸드 테라피는 뚝딱하고 만들어지는 것이 아니라 일정한 과정을 거쳐야 한다. 일정한 과정을 거치려면 인내심을 가지고 정성을 들여야 한다. 따라서 아동들은 이러한 푸드 테라피 과정을 통해서 인내력과 요리심리상담사에 대한 신뢰감과 남을 인식하게 되고, 자신의 창작품을 통해 자아존중감과 같은 정서가 발달하게 된다.

10) 도구 사용법 습득

푸드 테라피 활동을 하기 위해서는 다양한 조리 도구와 조리 기구를 사용하게 된다. 따라서 아동은 푸드 테라피 활동을 통해서 작품을 만들기 위하여 조리 도구와 조리 기구에 대한 명칭은 물론이고 사용법을 습득하게 된다. 그뿐만 아니라 사용하는 조리 도구와 조리 기구를 안전하게 사용하는 지식과 행동도 배운다.

02 건강

1) 오감 발달

요즘 교육에 관심 있는 엄마들 사이에서는 오감을 만족시키는 교육에 대한 열풍이 뜨겁다. 요즘 아동을 대상으로 하는 교육에서 오감이라는 단어가 빠지면 시대에 뒤떨어졌다고 생각될 만큼 현재 교육의 화두가 오감 만족 교육이다.

오감 교육이 중요시되면서 학습 위주의 교육이 놀이 형태의 교육으로 변화되고 놀이방, 어린이집, 유치원으로 대표되던 아동교육기관에서 교구 활용 중심의 수업을 진행하는 놀이학교나 교육원, 다양한 형태의 교구 중심 교육기관이 증가하고 있다.

오감은 통상적으로 시각, 청각, 후각, 미각, 촉각 등 5가지 감각을 말하며, 외부의 자극에 따라 신체에 있는 감각 수용기관이 반응하는 방법에 따라 분류한 것이다. 시각의 감각 수용기관은 눈이며, 사물을 보게 되면 망막이 인식하여 시신경을 거쳐 뇌에 전달된다. 청각의 감각 수용기관은 귀이며, 소리가 나면 달팽이관이 인식하여 청신경을 거쳐 뇌에 전달된다. 후각의 감각 수용기관은 코이며, 냄새가 나면 코 안의 비점막이 인식하여 후신경을 거쳐 뇌에 전달된다. 미각의 감각 수용기관은 입안의 혀이며, 맛이 나면 혀가 인식하여 안면신경이나 설인신경(舌咽神經)을 통하여 뇌에 전달된다. 촉각의 감각 수용기관은 피부이며, 피부는 온도, 통증, 질감을 인식하여 척수신경(안면의 것은 뇌신경)을 거쳐 뇌에 전달된다.

결국 오감을 자극한다는 것은 결국 뇌를 자극하는 것이 되며 뇌의 자극은 지능을 높여 줄 뿐만 아니라 창의성을 높이는 것이 된다. 따라서 오감을 통한 아동의 지능과 창의성을 높이려는 시도는 주변에 널려 있음을 알 수 있다. 아동 대상의 교육 프로그램들은 하나같이 오감을 자극한다고 한다. 그러나 광고 문구처럼 완벽하게 오감을 자극할 수 있는 푸드 테라피를 빼놓고는 완벽한 프로그램은 없다. 단지 한 가지만의 감각을 이용하는 것이 아니라 두 가지 이상을 쓰게 되면 통상적으로 오감을 자극하는 프로그램이라 부르고 있어 엄밀한 의미에서의 오감 교육은 아닌 것이다.

실제로 아동이 하고 있는 블록이나 찰흙을 가지고 하는 놀이 프로그램들은 시각과 촉각을 만족시킬 뿐 청각이나 미각, 후각을 자극하기에는 역부족이다. 그러나 푸드 테라피는 말 그대로 시각, 청각, 후각, 미각, 촉각 등 5가지 감각을 모두 만족시켜 준다.

푸드 테라피 활동을 통한 오감을 높이는 방법은 다음과 같다.
푸드 테라피 활동은 다양한 종류의 음식 재료를 접하면서 오감각의 자극으로 지능 계발의 기초인 감각 훈련이 가능하다.

· **맛**
아동은 푸드 테라피 활동을 통해서 단맛, 신맛, 짠맛, 쓴맛 이외에도 매운맛, 떫은맛 등을 익혀 음식에 대한 이해와 맛에 대한 감각을 익힌다.

· **촉감**
아동은 푸드 테라피 활동을 통해서 각종 요리 재료를 만지면서 그들이 가지고 있는 외부의 자극을 피부 감각의 느낌으로 인하여 촉감 능력을 향상시킨다.

· **냄새**
아동은 푸드 테라피 활동을 통해서 각종 요리 재료를 다루며, 조리하는 과정에서 요리 재료들에 대한 다양한 냄새를 분별함으로써 촉각 능력을 향상시킨다.

· **소리**
아동은 푸드 테라피 활동을 통해서 조리를 하는 동안 재료를 다듬는 소리, 써는 소리, 조리하는 소리를 통해서 각 요리 재료가 가지고 있는 특이한 성질을 이해한다.

· **시각**
아동은 푸드 테라피 활동을 통해서 요리 재료가 가지고 있는 독특한 모양에 대한 이해와 함께 요리 재료 원래의 색깔과 요리하는 동안 변화되는 색깔에 대한 감각을 익힌다.

2) 신체 조절 능력 향상

영아기에는 신체가 급성장하게 된다. 그러나 아동기에는 신체의 성장 속도가 완만해지다 다시 아동기 이후 청소년기에는 또 다시 성장 급등이 일어나게 된다. 영아기에는 신체의 성장이 급속하게 일어나지만 운동 기능은 크게 성장을 하지 못한다. 그러나 아동기가 되면 운동기능도 더욱 강화되고 정교하게 발달한다. 아동의 성장 속도와 신체의 크기는 개인차가 큰데 이것은 유전적 요인뿐 아니라 환경적 요인의 영향도 작용하는 것으로 보인다. 아동기가 되면 신체와 체중이 점차적으로 증가하며 근육이 성장하는 신체에 적응하느라 근육이 당기는 듯한 통증을 경험하게 되는데 이것을 성장통이라 한다.

신체 조절은 아동의 발달에 필수적 요소이다. 아동기에는 근육의 성숙과 병행하는 힘의 증가로 아동은 점차 빨라지고, 강해지고, 민첩해진다. 뛰기, 신호에 대한 반응, 짧고 빠른 동작의 연결 등의 운동 속도도 아동기를 통해 점차 증가한다. 최근의 연구를 보면 오늘날 아동이 과거에 비해 앉아서 하는 활동의 비중이 높고 아동기에 충분히 발달되어야 하는 운동 기술의 부족으로 건강상의 문제를 갖게 되었다고 지적하고 있다. 이렇게 비활동적인 생활 스타일은 고혈압이나 아동 비만 같은 질병을 일으키는 위험한 요소로 보고 있다. 또한 아동기 근육의 성숙과 힘의 증가는 통합능력과 조절능력을 가지지 못하여 아동이 뇌에서는 명령하지만 손으로 표현하기까지에는 원활하지 못할뿐더러 결과가 원하는 대로 표현되지 못한다.

신체의 발달은 신체의 크기 성장과 신체 조절 능력의 향상으로 나눌 수 있다. 신체의 크기 성장이 양적인 발달이라면, 신체 조절 능력 발달은 질적 발달이라고 할 수 있다. 신체 크기 성장에는 적절한 영양과 적절한 휴식, 적절한 활동이 요구된다. 신체 조절 능력의 향상은 주기적인 연습이 필수적이다.

아동이 신체를 마음대로 조절하지 못한다면 우선 밥 먹기도 스스로 못하게 된다. 또한 음식 씹기, 양 팔을 움직이기, 양 다리를 움직이기, 목을 움직이기, 몸통을 움직이는 것도 조절하기 어렵다. 이는 겉으로 보기엔 근육과 뼈가 움직이는 것 같지만 의도한 대로 움직이게 하기 위해서는 정신활동, 뇌 활동, 신경 활동, 근육과 뼈의 활동 등 다채로운 활동들이 함께 일어나야 한다. 예를 들면 옆으로 움직이는 것만 해도 '옆으로 움직여야겠다.'라는 정신이 있어야 한다. 그리고 나서 다리와 연결되어 있는 뇌세포의 활동이 일어나고 아주 짧은 시간이 신경과 근육과 뼈의 움직임으로 인해 신체활동이 일어난다. 아이가 물건을 잡는 것을 보면 처음에는 서툴다가 점점 익숙하게 되는데 그것이 바로 신체 조절의 발달의 단면이라 할 수 있다. 결국 신체 조절 능력의 발달에는 의지의 개입–능동적 정신의 개입이 필수적이다.

　푸드 테라피는 다양한 요리 활동을 통해서 정신적인 자극을 뇌에 전달하게 되고 신체적으로 명령을 하여 움직임이 일어난다. 결국 아동기에는 적정한 신체훈련을 통해서 대근육과 소근육의 조화, 뇌와 신경회로의 손과 눈의 협응력이 절실히 필요한데 이러한 훈련은 아동의 푸드 테라피 활동을 통해서 적절한 훈련을 할 수 있다. 또한 여러 가지 푸드 테라피 활동은 아동의 신체 활동에 실질적인 도움을 주며 근력, 지구력, 조정력 등의 발달과 심폐 기능 향상 등 신체 능력의 향상에 기여한다.

　따라서 아동기의 식습관과 신체 활동은 건강과 성장에 매우 중요한 역할을 수행한다. 아동에게 푸드 테라피 활동은 아동의 신체 기능에 크게 두 가지 면에서 매우 효과적이다.

　첫째는 푸드 테라피 활동을 하면서 요리에 사용한 요리 재료의 중요성과 요리 재료별 영양 및 신체와의 관련성을 알게 되어 신체를 골고루 성장시키는 데 매우 중요한 역할을 수행한다. 그뿐만 아니라 신체기능을 발달시키기 위한 식습관 형성에 도움이 되어 아동을 건강하게 성장시킬 수 있다.

　둘째는 푸드 테라피 활동을 통해서 아동의 신체 기능이 골고루 발달한다는 것이다. 푸드 테라피 활동을 통해서 아동의 신체 기능이 발달하는 것을 연계해보면 다음과 같은 장점을 가지고 있다.

- 대근육 조절 능력 : 아동은 썰기, 씻기, 정리하기, 반죽하기, 운반하기 등의 푸드 테라피 활동을 통해서 대근육의 기능이 발달된다.

- 소근육 조절 능력 : 아동은 빗기, 만들기, 깎기, 조각하기, 그리기 등의 푸드 테라피 활동을 통해서 소근육의 기능이 발달된다.

- 협응력 : 아동이 푸드 테라피 활동을 하며 음식 재료를 준비하고 만드는 과정 속에서 눈으로 보고 머릿속으로 생각한 것을 재료를 자르고, 붙이고, 깎고, 조합하고, 조리하면서 자연스럽게 눈과 손의 협응력이 길러진다.

- 정밀성 증가 : 밀가루 반죽하기, 쿠키 만들기, 경단 만들기 등을 통해 우리 몸을 자극해 정밀한 동작을 강화하는 기능이 발달한다.

3) 건강 증진

아동기는 체표 면적당 대사가 활발하여 물리적으로 성인과 똑같이 움직인다 하더라도 기초 대사량이 성인보다 높다. 성장 발육이 왕성하고 활동량이 많아 열량도 많이 필요하므로 이를 보충하기 위해서는 식사의 양과 함께 질도 충분히 고려되어야 한다.

아동들은 그 나이에 맞는 열량과 영양소의 양이 충족되어야 한다. 하지만 아동들마다 개인차가 있으므로 표준 수치에 반드시 구애받을 필요는 없습니다. 다음에 소개하는 5대 영양소는 아동들의 생명을 유지시키고 성장하는 데 반드시 필요한 영양소이다. 이중 탄수화물, 단백질, 지방은 신체의 에너지원으로 활용된다. 그 외에 미네랄, 비타민, 물은 신체의 신진대사를 돕는 영양소들이다.

유아기가 전 생애에 있어서 가장 큰 신체적인 성장이 이루어지는 시기이며, 또한 신체적인 발달뿐만 아니라 정서적인 발달 역시 크게 이루어지는 시기이다. 그러므로 신체적인 발달과 정서적인 발달이 정상적으로 이루어지려면 충분한 영양이 공급되어야 하고 그 영양은 음식 섭취를 통해서 이루어지게 된다. 그뿐만 아니라 이 시기를 거치면서 아이들의 식사는 성인이 먹는 형태로 자리 잡게 되고 이때 형성된 아이들의 식습관은 청소년기는 물론 성인이 되어서까지 그대로 유지하게 되므로 바른 식생활의 지도가 필요한 시기이다.

푸드 테라피 활동을 통해 아동은 요리에 사용하는 식자재의 중요성과 식자재별 영양가 및 신체와의 관련성을 알게 되며 건강을 위한 식습관 형성에 도움이 되어 아동을 건강하게 성장시킬 수 있다.

03 진단

진단이란 요리심리상담사가 내담자의 상태를 보고 내담자가 처해 있는 신체적, 정신적 상황을 분석해 내는 것을 말한다. 푸드 테라피는 생활의 일부분이면서 내면세계의 표현이다. 따라서 내담자는 놀이를 통해서 자연스럽게 자신의 모든 것을 요리작품에 나타내게 된다. 자신의 정서 상태는 물론이고 신체적, 정신적, 인지적, 사회적인 모든 영역을 푸드 테라피 활동이나 작품에 반영하게 된다.

결국 요리심리상담사는 푸드 테라피 활동이나 작품 속에 나타나는 내담자의 심리상태, 신체적인 건강과 사회적인 영역들에 대한 기초적인 자료를 내담자의 내면세계는 물론이고 내담자가 받아들이고 있는 외면 세계에 대하여 분석할 수 있는 기회를 제공한다.

예를 들어 요리심리상담사가 내담자의 푸드 테라피 활동을 관찰하다 보면 내담자가 외부 세계를 어떻게 인식하고 받아들이고 있는지?, 의사소통이 얼마나 가능한지?, 발달단계는 어느 정도인지?, 어떤 생각을 가지고 있는지?, 무엇을 원하고 있는지?, 무엇을 좋아하고 싫어하는지?, 무엇을 두려워하는지?, 사회성은 어떤지? 등을 알 수 있다. 이러한 이유 때문에 다른 어떤 진단도구보다 푸드 테라피는 매우 유용하고 다양한 진단을 하는 데 도움을 준다.

특히 푸드 테라피는 내담자가 자발적으로 참여하는 활동이기 때문에 인위적으로 내담자에게 환경을 만들어 주고 조사하는 것보다 자연스럽게 내담자 자신의 내면세계를 표현하기 때문에 내담자의 있는 그대로를 관찰할 수 있는 장점을 가지고 있다고 할 수 있다.

푸드 테라피를 통해 진단할 수 있는 내용을 구체적으로 보면 다음과 같다.

1) 신체적인 발달 수준

내담자의 푸드 테라피 활동을 보면서 요리를 하는 내담자의 손동작과 몸의 움직임을 통해서 대근육의 발달 정도와 근력 상태를 진단할 수 있다. 푸드 테라피에서 이루어지는 정확하고 정밀한 동작을 소화해내는 것을 보고 소근육의 발달과 조절 능력을 진단할 수 있다. 또한 눈으로 본 것을 손에게 내리는 명령의 일치도에 따라 내담자의 협응력의 정도를 진단할 수 있다. 또한 푸드 테라피 중에 요리 재료가 주는 시각, 청각, 촉각, 미각, 후각 등의 5감에 대해서 어떻게 반응하는지를 통해서 내담자의 신체적인 민감성이나 좋고 나쁨의 수준을 진단할 수 있다.

2) 언어능력 수준

언어 능력이라는 것은 내담자가 다양한 언어의 구사와 많은 수의 표현 문장을 만들어 낼 수 있는 잠재적인 능력을 말한다. 내담자는 푸드 테라피 활동을 하면서 요리 재료와 요리 방법에 대한 대화를 요리심리상담사와 하게 됨으로써 단어의 사용과 어휘 사용에 대한 상황을 진단할 수 있다. 또한 푸드 테라피에서 만들어진 요리작품에 대하여 설명하고 논의함으로써 언어능력을 진단할 수 있다.

3) 지적 능력

지적능력은 IQ라고 하며, 프랑스의 A.비네가 창안한 지능검사를 보면 수리력, 추리력, 논리력, 인과관계의 파악, 공간지각능력, 암기력 등을 합쳐 IQ를 측정하기 때문에 지적능력은 이들의 종합적인 개념을 알 수 있다. 그러나 지적능력이 높다고 해서 모든 분야가 다 높은 것은 아니고, 전부 높은데 한분야가 떨어질 수도 있고, 한분야만 높고 나머지는 낮을 수도 있다.

푸드 테라피 활동을 통해서 요리 재료의 수를 세고 계량하면서 내담자의 수리력을 진단할 수 있다. 예를 들면 밀가루 1컵, 2컵으로 수를 세고, 쌀 100g를 측정할 뿐만 아니라 빼고 더함으로 인해서 수리력을 진단할 수 있다. 또한 마른 건미역이 뜨거운 물을 만남으로서 부드러워지는 것처럼 요리 재료의 조리법을 통해서 인과관계를 진단할 수 있으며, 잡채를 만들기 위해서는 당면, 쇠고기, 오이, 석이버섯 등이 들어가듯 완성된 요리를 통해 사용된 요리 재료를 추리할 수 있으며, 완성된 작품의 만든 배경이나 목적을 설명하는 데서 논리성을 진단할 수 있으며, 작품을 만들면서 공간 지각능력을 진단할 수 있으며, 요리심리상담사의 푸드 테라피에 대한 설명을 기억하는 데서 암기력을 진단할 수 있다.

4) 사회적 능력

내담자의 사회적 능력이란 내담자가 사회생활을 하려고 하는 내담자의 근본 성질, 인격,

소질이나 능력, 대인 관계의 원만성 따위를 말한다. 내담자의 푸드 테라피는 혼자 할 수도 있지만 여러 내담자와 함께 할 수 있다. 내담자의 사회적 능력을 진단하기 위해서는 조를 편성해서 공동으로 어울려서 푸드 테라피를 하도록 하게 하면 내담자가 가지고 있는 근본 성질, 인격, 소질이나 능력, 대인 관계 능력 등이 자연스럽게 표출된다. 따라서 내담자는 개인이 아닌 여러 명이 공동의 주제를 가지고 푸드 테라피를 하다 보면 내담자의 참여도나 협조성을 통해서 사회성을 진단할 수 있다.

5) 정서 상태

정서란 비교적 강하게 단시간 동안 계속되는 감정을 말한다. 즉 내담자의 걱정, 불안, 흥분, 흥미, 욕구, 두려움, 무서움, 싫음 등의 감정이 지속되는 상태를 말한다. 푸드 테라피를 하면서 자연스럽게 요리 과정이나 작품에 내담자의 정서 상태가 자연스럽게 드러난다. 특히 언어적으로 자신의 감정이나 정서를 표현하기가 어려운 경우 푸드 테라피는 더없이 좋은 정서 표현 수단이 된다. 예를 들면 식빵 위에 부모 얼굴 그리기를 하면 좋아하는 사람은 크게 그리는데 비하여 싫어하는 사람은 작게 그리는 것을 보고 부모 중 누구를 좋아하는지를 알 수 있다.

04 심리 치료

푸드 테라피에는 내담자의 기쁨, 슬픔, 불안, 좌절, 공포, 분노 등 모든 감정이 표현되는데 이러한 감정 표출을 통해 내담자의 정서 부적응이나 기타 행동 문제가 자연스럽게 치료된다. 푸드 테라피를 통해 내담자의 문제행동을 치료할 수 있는 내용을 구체적으로 보면 다음과 같다.

1) 불안과 긴장 해소

푸드 테라피의 이론적 근거는 내담자가 푸드 테라피를 통해서 자연스럽게 자신의 심리적 문제를 표현한다는 데 있다. 즉 심리적으로 문제를 지닌 내담자에게 푸드 테라피를 시키면 내담자는 스스로 자연스럽게 푸드 테라피를 통해 자신의 문제를 표현하면서 문제의 불안과 긴장을 해소시키게 된다.

2) 스스로 문제 해결

차츰 자신의 문제에 대한 통찰력을 갖는다. 이러한 통찰은 내담자에게 좀 더 긍정적이고 적극적인 방향으로 문제에 대응하도록 이끌어 줌으로써 결과적으로 문제를 스스로 극복하게 해준다.

예를 들어 자신감을 상실해서 무엇이든 자신이 없다고 생각하는 내담자가 간단한 푸드 테라피를 통해서 작품을 만들어 냄에 따라 자신감을 갖게 되어 자신의 가치에 대한 새로운 생각을 하게 되고 이를 바탕으로 성공에 대한 강한 신념을 갖게 된다.

3) 정화

푸드 테라피는 내담자가 겪는 일상의 경험을 재구성하고, 앞으로의 생활을 재구성하는 것으로 내담자가 본래 가지고 있는 가장 자연스러운 자기치료의 수단이 된다. 예를 들면 편식이 심한 내담자는 평소에 자신이 먹기 싫어하던 음식에 대해서 푸드 테라피를 하면서 인식이 바뀌어 좋아지게 되거나 최소한 싫어하는 마음이 생기지 않게 된다.

4) 정서적 안정

푸드 테라피는 요리 재료를 가지고 조리방법을 통해서 작품을 만드는 것으로서 일정한 시간이 소요되어야 한다. 따라서 인내력을 길러야 한다.

5) 신체기능 회복

복원 또는 재활의 뜻은 원래 가지고 있었던 기능이 질병이나 장애로 손상되었을 때 이것을 원래의 기능으로 회복시켜 주는 것이다. 따라서 푸드 테라피는 개인이 가진 정신과 신체 건강을 복원 및 향상시키기 위한 것이라고 할 수 있다. 예를 들어 심한 우울증으로 대인관계를 유지하거나 집중력이 현저히 떨어져 직장 생활이나 여러 사회적 기능을 제대로 수행할 수 없는 사람에게는 푸드 테라피를 통해서 이전의 기능으로 회복시켜 주는 것이다. 또한 손을 잘 쓰지 못하는 사람에게는 요리를 통해 원래대로 신체 기능을 치유하는 기능을 수행할 수 있다.

제3장
푸드 테라피의
이론적 배경

01 정신역동적 푸드 테라피

정신역동적 접근은 정신분석 접근이라고 하며 흔히 프로이드(freud)를 연상하지만 정신분석과 같이 인간의 무의식적 동기 등 내면적인 힘과 그 힘들의 갈등을 중시하는 입장은 프로이드(freud)의 정신분석, 융(Jung)의 분석 심리학, 신 프로이드 학파 및 자아 심리학파 등을 모두 포함하고 있다.

횡적, 동시적 접근 방법으로 어떤 한 시점의 행동은 외부에서 그 사람에게 영향을 주고 있거나, 그 사람 내부에 작용하고 있는 현재의 모든 힘의 상호작용의 최종 결과로 보는 접근 방법이다. 즉 내담자로 하여금 무의식에 억압된 동기를 의식하게 하고 그것을 다시 통찰하게 함으로써 부적응 행동이나 강박적 행동에서 벗어나게 하는 것을 말한다. 프로이드는 정신역동적 접근의 창시자요, 가장 중요한 공헌을 한 학자이다.

1) 프로이드(freud)의 정신분석적 푸드 테라피

정신분석적 푸드 테라피는 프로이드(freud)를 중심으로 한 정신분석가들이 사용하는 자유연상법이나 꿈의 해석, 저항[1]과 전이[2]의 분석과 해석 등을 기법으로 사용하는 것이다. 본질적으로 자유연상법은 환자로 하여금 듣기에는 아무리 우스꽝스럽고 부적당한 것이라도 환자의 의식에 떠오르는 모든 것을 이야기하도록 하는 방법이다.

꿈의 해석에 있어서도 꿈의 내용 설명을 도와주기 위해 눈앞에 펼쳐진 경치를 묘사하듯이

---

[1] 김영진(2003)에 의하면 저항이란 내담자가 상담에 협조하지 않는 모든 행위를 말한다. (상담 시간에 오지 않거나 상담 과정에서 아무런 의미도 없는 말만 되풀이, 중요한 내용은 빠뜨리고 사소한 이야기하기 등) 상담자는 내담자가 보이는 가장 큰 저항에 내담자의 주의를 환기시킨 다음, 내담자가 수용할 수 있도록 배려하면서 해석을 가한다. 그렇게 되지 않으면 상담은 한 발자국도 진전될 수 없다.

[2] Brendan McLoughlin(2000)은 내담자는 상담자와의 관계에서 무의식 속에 묻어두었던 생각이나 감정들을 드러낸다. 따라서 상담자는 내담자가 상담자에게 보이는 태도나 행동을 그냥 지나쳐 버려서는 안 된다. 내담자가 상담자를 어떻게 대하는지, 상담자에 관한 어떠한 생각을 품고 있는지를 주의 깊게 관찰하여 그것이 어떤 의미를 지니는지를 이해하고 분석해 나가야 한다.

이야기하라고 지시하였으며, 이렇게 얻은 시각적 이미지를 거꾸로 추적하여 무의식의 의식화가 가능하다고 보았다. 무의식적 동기를 각성시켜 의식수준으로 전환시키는 방법에서 꿈보다는 미술작품의 분석이 더 효율적이라는 학자들의 연구도 있다.

그러나 자유연상법의 표현 방법이나 꿈의 해석에 있어서 대화를 통해서만 하는 것은 표현에 한계가 있기 때문에, 치료에 그림이나 창조적 매체를 통해서 하는 것이 권장되어 왔다. 이유는 환자의 내면세계에 대해 보다 많은 의미의 표현이 필요했으며, 정확한 진단과 치료에 도움이 되었기 때문이다.

자유연상법에 있어 언어나 그림보다 더 많은 표현을 가능하게 하는 것이 바로 푸드 테라피이다. 내담자의 경우는 성인에 비해 자유연상의 준비성이 결여되어 있기 때문에 그림의 사용이 언어의 사용보다는 의사소통을 용이하게 해준다. 그러나 푸드 테라피는 더욱 다양한 표현활동을 내포하고 있기 때문에 내담자가 흥미를 가지고 참여함으로 효과가 더욱 높아진다.

성인의 경우에 자유연상을 하게 하거나 연상되는 것을 그리게 하는 방법을 적용하여 내담자의 심리상태를 분석하는 미술심리치료사들이 늘어나고 있다. 어떤 내담자의 경우는 무의식적 동기를 각성시켜 의식수준으로 전환시키는 방법에서 꿈보다는 그림 작품의 분석이 더 효율적이라는 학자들의 연구도 있다. 따라서 미술치료보다 생활의 요소이면서 자발적으로 참여할 수 있는 푸드 테라피를 통하여 내담자 자신이 가지고 있는 무의식을 자연스럽게 의식화하는 데 도움이 된다. 나아가 푸드 테라피는 미술치료가 주는 치료나 정화, 원활한 의사소통의 효과를 거둘 수 있다.

마찬가지로 내담자의 꿈에 대한 분석도 꿈에서 본 것을 푸드 테라피를 통해서 작품으로 만들어 내게 하거나 그려 내면서 내담자의 무의식 세계를 분석하는데 효과적인 도움을 받을 수 있다.

정신분석적 치료에서는 푸드 테라피를 통해 내담자가 표현한 작품의 소재를 분석하여 요리를 상징적 언어의 형태로 보고 자유롭게 자신을 표현하게 하는 것이 중요하다. 즉, 요리에 사용되는 요리 재료와 푸드 테라피를 통해서 내담자 자신이 가진 무의식 세계를 상징적으로 전이하여 내담자가 가지고 있는 정신적인 문제를 발견하고 이를 치료하는 데 도움을 받을 수 있다.

따라서 무의식의 세계를 푸드 테라피를 통한 작품을 표현하는 것은 프로이드의 이론을 기초로 하고 있다.

지그문트 프로이드   칼 융

2) 융(Jung)의 분석적 푸드 테라피

칼 구스타프 융(Jung)은 프로이드(freud) 만큼 대중적 지지는 없었지만, 심리학에 큰 영향을 주었다. 융(Jung)의 분석적 푸드 테라피는, 프로이드(freud)와는 달리 인간의 심상을 임상적 자료로 사용하기보다는 내담자의 개인적 요소와 원형적 요소를 종합하는 방식으로 내담자와 치료사 간의 상호 통찰과 이해의 자료로써 사용하였다. 때문에 프로이드의 정신 분석학적 푸드 테라피보다는 접근의 어려운 점이 있어 활용의 정도가 낮았다고 할 수 있다.

그러나 융(Jung)의 무의식으로부터 나온 심상을 그려내고 채색하는 데 중요한 역할을 했던 능동적 심상화(active imagination) 기법이 미술치료에 중대한 영향을 미쳤다. 능동적 심상화란 내적인 이미지의 흐름을 관찰하는 내성법으로 능동적 심상화에서는 심상이 일어나는 동안에 무엇이 진행되고 있는가를 깨어있는 상태에서도 충분히 볼 수 있다는 것이 꿈과의 차이점이라고 했다.

융(Jung)은 무의식의 내용을 자발적 현실화로 이해하는 방법으로 심상, 신체동작, 단어 또는 음악, 미술과 능동적 심상을 구분 짓고 있긴 하지만 우리의 관심은 우리를 소원하게 하는 심미적 측면을 강조하기보다는 더 깊은 이해와 치료에 강조를 두고 있다.

융(Jung)은 내담자의 마음의 상태를 이해하기 위해서는 그림을 송합석으로 해식되이야 한다고 지적하고, 종합적인 해석을 위해서는 그림을 지적, 감정적으로 이해해야 한다고 했다. 이에 따라 융 학파의 심리치료사들은 내담자들에게 꿈이나 환상을 시각적으로 표현하도록 하였다.

융의 분석적 치료는 프로이드와 달리 인간의 심상을 임상적 자료로 사용하기보다는 내담자의 개인적 요소와 원형적 요소를 종합하는 방식으로 내담자와 치료자 간의 상호 통찰과

이해의 자료로써 사용하였다. 융 학파는 미술이 추구하는 낭만적 작업이 임상적 정보 자료
도 아니며 그리고 원형적 형상화를 알고자 하는 흥미 위주의 지적 탐구도 아닌 내적 및 외적
실체에 대한 잠재적 통찰을 불러일으키는 합성물로써 심상을 다루고 있다.

능동적 심상에서 강조되어야 하는 것은 문답이다. 그 답은 처음에 자신과 시작하여 자신
의 내적 마음속에 있는 많은 사람과 이루어진다. 문답은 직면을 의미하며, 성장과정에서 문
답을 통해서 신비적인 결합인 화해가 이루어진다. 즉, 서로 상반되는 것들이 균형을 이루어
함께 평화적으로 살아가게 된다. 이러한 과정은 요리 매체를 통해서 촉진시킬 수 있다. 또한
푸드 테라피 과정도 미술치료와 같이 결국에는 나타낸 것에 대한 의미를 알게 되고 무의식
적 것이 더욱 명료해질 수 있다.

푸드 테라피의 목표는 요리 기능을 증진시키는 데 있는 것이 아니라 요리라는 매체를 통해
서 표현된 내면의 근원을 찾고, 이해와 성장과 변형을 증진하고자 하는 데 있다. 따라서 요리
심리상담사가 추구하는 표현의 효과성과 심리학자들이 추구하는 효과성이 조금은 다른 면이
있기는 하지만 푸드 테라피는 심리치료의 한 부분으로서 중요한 역할을 수행할 수 있다.

02 현상학적 푸드 테라피

현상학은 서유럽에서 발전했으며, 20세기 중반 미국으로 전파되었다. 현상학은 '어떤 것 그 자체' 그리고 '어떤 것들'에 관한 선입관이나 추론적인 이론과는 달리, 충분히 주관적인 경험을 조사하는 쪽으로 전환하는 심리치료 특히 인본주의적 심리치료에 영향을 미쳤다.

현상학의 기본 개념은 의도성(intentionality)으로 내가 보고 있는 것에 열중하는 것이며, 우리들의 의식은 어떤 대상과 항상 관계하고 있다는 것을 의미한다. 그래서 내담자들은 의도성을 통해서 자기가 보고 싶은 대로 새로운 세계를 의식하고, 생활 속에서 자기와 관계하는 대상들을 찾으려 한다. 따라서 의도성에 의하여 모든 것이 결정된다고 해도 과언이 아니다.

뿐만 아니라 의도성은 정신적인 것으로 신체와 더불어 존재하기 때문에 신체도 의도성을 가지고 인식한다는 것이다. 예컨대 신체를 통해서 인식하는 것도 의도성을 가지고 내담자가 보고 싶은 세상을 지각하게 되는 것이다.

미술에서는 보는 것만으로도 아주 중요한 행동이다. 현상학은 '보는 것'을 미술치료에 활용할 수 있는 철학적 기반을 제공했기 때문에 치료와 현상학 그 자체에 기여한 공로가 크다. 미술치료는 내담자들이 '보는 것' 즉 직접적인 경험인 그림으로 나타내고, 직접적인 경험은 그들의 눈으로, 투사의 형태를 경험한다. 즉 내담자들은 자신의 그림에서 보일 수 있는 모든 것을 보기 위해 보는 방법을 배워가게 된다.

의식의 현상학은 존재의 숨겨진 무의식을 밝혀낸다는 점에서 미술치료와 가깝기 때문에 푸드 테라피와도 이론적 배경을 제공하기에 충분하다. 푸드 테라피에서 현상학은 내담자가 자유롭게 선택한 요리 매체를 가지고 자유롭게 표현하는 과정이나 자신의 요리작품을 감상하고 관찰하는 과정을 통해서 현상학적 목표를 달성할 수 있다.

푸드 테라피 작업은 일상에서 벗어나 자신의 감정을 표현하는 것으로 즉각적인 해방일 뿐 아니라 스트레스에서 도피하는 계획된 활동이기도 하다. 내담자는 치료자에 의해 의도적인 지각과 미술활동을 지도 받으면서, 내담자는 실제로 자신의 그림과 조각을 봄으로써 새로운 가능성을 탐색할 수 있게 된다.

현상학적 심리치료방법을 푸드 테라피에 도입해 보면 다음과 같다.

첫째 단계는 내담자가 자신이 경험을 표현하기 적당한 요리 재료를 선택한다.

둘째 단계는 푸드 테라피를 통해 자신의 경험을 만들거나 창조한다.

셋째 단계는 현상학적 직관 단계로써 인지과정과 현상학적 묘사와 논의 단계를 거치게 된다. 인지과정은 내담자가 전시된 자기의 완성된 작품을 적절한 거리를 조절하여 의도적으로 관찰하는 과정이다. 현상학적 묘사는 치료사가 "당신은 무엇을 봅니까?"라는 질문에 내담자는 그림 속에 있는 것을 정확하게 묘사하여 답을 하게 되는 것을 말한다. 현상학적 논의는 치료사가 내담자의 마음을 열도록 도와주고 요리작품에 나타난 요소와 대상들을 설명하면서 토론할 점을 지적해 주는 것을 말한다. 현상학적 묘사는 있는 것을 그대로 설명해 주는 것이라면 현상학적 논의는 내담자의 의도에 의해 토론이 이루어지게 하는 것을 말한다.

넷째 단계는 현상학적 통합이다. 현상학적 통합은 내담자의 반영, 작품에서의 유사점과 차이점 발견, 내담자의 노력과 대치 순서로 이루어진다. 내담자의 반영은 내담자가 만든 작품의 결과를 놓고 원래 의도와 실제 표현 간의 관계를 파악하여 자기를 발견하게 되는 것을 말한다. 그리고 나서 내담자가 만든 동일한 요리작품을 통해서 유사점과 차이점을 찾는다. 즉, 이전의 작품과 지금의 작품을 비교해서 내담자는 자신의 작품 속에서 되풀이되는 요소와 주제를 발견할 수 있다. 이것은 내담자의 행동양식을 인식하도록 도와주는 데 있다. 내담자의 노력과 대치는 내담자의 요리 표현 과정에서의 노력과 실제 생활 경험에 대처하기 위한 노력 사이의 유사점을 찾게 함으로써 미래의 대처 능력과 설계 능력을 길러준다.

03 게슈탈트 푸드 테라피

　게슈탈트란, 통합되어 있는 구조라는 의미로 전체, 형태, 모습 등의 뜻을 가진 독일어이다. 게슈탈트 치료는 1960년대 캘리포니아에서 프리츠 펄스(Fritz perls)가 시작한 혁명적인 치료 방법이라고 일반적으로 알려져 있다.

　실존주의 철학이 현상학적 방법에 기초를 두고 있다고 한다면, 게슈탈트 치료는 현상학과 정신분석과 게슈탈트 심리학에 기초를 두고 있다. 즉 게슈탈트 치료는 보는 것을 인식으로 나타내는 현상학의 영향과 무의식의 세계를 외부로 표현하는 정신분석, 개체는 어떤 자극에 노출되면 그것들의 하나하나의 부분을 보지 않고, 통합적으로 본다는 게슈탈트 심리학의 영향을 받아 정립된 것이다.

프리츠 펄스

　게슈탈트 치료의 목적은 분석이 아니라 자아의 통합에 있으며 게슈탈트 치료의 기본 가정은, 사람이 스스로 자기 삶의 문제를 잘 다룰 수 있다는 것이고 여기에서 치료자의 역할은 내담자들에게 자신이 느끼고 경험하는 것을 방해하는 장애물의 것들을 자기 스스로 인식하도록 함으로써 내담자가 자신의 존재에 대해 충분한 경험을 하도록 돕는 것이다. 게슈탈트

라는 자아 통합의 개념은 인간의 자각에만 국한시키지 않고, 사고 감정, 욕구, 신체감각, 행동 등 모든 유기체 영역까지 확장시켜 적용하고 있다.

게슈탈트 미술치료의 중점은 과거에 미해결 감정의 해결에 두고 있으며 무엇보다 내담자가 만든 그림 속에서 능동적인 움직임을 찾고 과거의 미해결 감정을 현재 경험과 접촉시키는 강력한 매개체적 역할에 초점을 두고 있다.

게슈탈트 미술치료의 한 방법을 살펴보면 치료자가 어떤 그림을 제시하고 어떤 것이 먼저 보이고 나중에 보이는 그림이 무엇인가 하는 내담자의 작업을 통해 내담자가 도형과 배경을 자연스럽게 변화시킬 수 있도록 돕는다. 게슈탈트 미술치료에서는 치료사와 내담자의 실존적인 만남이 중시되며 주로 워크숍 형태의 치료법을 사용하는데, 이때 치료사는 연출가의 역할을 하게 된다. 결국 게슈탈트 치료는 개인의 생활 과정에 대한 개인의 책임을 강조한다.

게슈탈트 꿈 작업(dream work) 기법은 그들의 시각적 심상에서 자발적으로 표현된 의미에 대한 내담자의 의식을 불러일으킨다. 다시 말해, 꿈을 사실화시킴으로써 현재의 문제로 재현시켜 미술이라는 매개체를 통해 시각적으로 인식하고 그 의미를 찾을 수 있게 미해결 문제에 대한 느낌을 그림 그리기, 선 게임, 점토 작업 게임 등으로 표현하는 것이 게슈탈트 미술치료 기법의 예라 할 수 있다. 결국 푸드 테라피에서도 미술치료에서 표현하는 기법을 다 사용할 수 있으므로 게슈탈트 미술치료의 원리를 푸드 테라피에서도 그대로 적용하여 사용할 수 있다.

푸드 테라피에 대한 접근은 기본적으로 게슈탈트 치료와 같이 해석의 의도가 아니며, 최대한 내담자가 자기 자신에 대한 치료를 수행할 수 있도록 하는 것이다. 즉 내담자 스스로가 자신이 만든 요리작품을 해석하고 직접 진술하게 하여 의미를 발견하도록 하는 작업이 게슈탈트 푸드 테라피의 목적이며 의미이다.

또한 내담자는 푸드 테라피를 통해서 과거에 해결하지 못하고 쌓아 두었던 과제를 현재에서 인식하고 경험하도록 해야 한다. 내담자는 푸드 테라피를 하면서 과거와 현재의 갈등이 생기는데 이를 요리심리상담사에게 얘기하는 간접적인 방법보다 내담자 스스로가 푸드 테라피를 통해서 직접 경험을 해봄으로써 점진적으로 각성 수준을 넓혀 나가게 된다. 이처럼 내담자가 푸드 테라피를 하다 보면 자신도 깨닫지 못했던 자신의 여러 부분들과 단편적인 부분들을 통합할 수 있게 하는 것이 올바른 게슈탈트의 심리치료를 이용한 푸드 테라피의 목표라 할 수 있다.

결국 게슈탈트 푸드 테라피는 내담자에게 푸드 테라피를 하는 것이 중요한 게 아니라 내담자 스스로가 자신이 만든 요리작품에 대한 이해와 인식을 요구하는 것이다. 푸드 테라피의 영역을 확대하기 위해서는 푸드 테라피를 할 때 게임이나, 역할놀이, 연주 등과 함께 사용해도 좋을 것이다.

게슈탈트 푸드 테라피가 성공하기 위해서는 내담자와 치료사 사이에 책임 있고, 정직하며, 직접적인 의사소통을 통해서 상호작용이 충분히 이루어지도록 이끌어 나가게 해야 한다. 또한 요리심리상담사는 모든 내담자가 푸드 테라피를 통해서 최대한으로 잠재력을 활성화할 수 있도록 노력해 나가야 한다.

04 인간 중심 푸드 테라피

　인간 중심 치료는 행동주의 및 정신분석 접근의 대안적인 치료 방법으로 등장한 제3세력으로 불리는 인본주의 심리학의 대표적인 치료방 법이다. 인간 중심 치료는 1940년 칼 로저스(Carl Rogers)에 의하여 개발되어 지금까지 계속 발달하고 있는 인간의 성장과 변화에 대한 접근법이다.

　인간 중심 치료는 인간의 자기실현 경향성(actualising tendency)을 전제로 한다. 자기실현 경향성은 마치 나무가 하늘을 향해 뻗어나가는 속성을 가진 것처럼 인간은 자기실현을 향해 움직이며, 그것을 통해 자신의 의미를 찾을 수 있는 잠재력을 가지고 있다고 믿는 것을 의미한다.

칼 로저스

　인간이 자기실현 과정에서 나타나는 일반적인 특징은 융통성과 개방성, 자율성이다. 따라서 내담자에 대한 치료는 총체적으로 연구되어야 하고, 적응과 편안함보다는 의미와 주체성을 제공하는 자기실현과 성취가 인간 존재의 인간 중심 치료의 기본 목표라는 것이다.

　인간 중심 치료에서의 대상은 기본적인 욕구와 충동이 좌절되어 외부로 드러나는 증상이나 문제이다. 따라서 치료를 통해 자신의 부적응을 표현함으로써 자신을 이해하고 수용하는 경험을 하고 방어적인 행동에서 자유로워지면 보다 긍정적이고 상징적으로 발전하게 된다. 결국 치료의 결과는 자신의 가치를 스스로 선택할 수 있게 된다고 보았다.

인간 중심적 미술치료의 출발은 미술을 창조적 행위로 보고 이런 행위가 내담자에게 자아실현을 할 수 있다고 보는 데서 시작하였다. 즉 자아가 분리된 모습을 볼 수 있고 이것을 미술을 통해 통합시켜 자아실현을 할 수 있다고 보았다.

인간 중심 미술치료는 세 가지의 기본 가정을 지니고 있다.

첫째, 치료자는 사람들을 정신병자로 보지 않고 정신적, 환경적 원인으로 인한 갈등의 결과로서 삶에 적응하려는 데 있어 특정한 문제에 당면한 것으로 본다.

둘째, 변화가 많은 삶 속에서 성공적으로 대응하는 정체성, 의미, 자기실현을 찾지 못하는 것은 개인의 여러 단계의 삶에 영향을 준다.

셋째, 영적 차원의 추가로 삶을 보다 의미 있게 만드는 자기 초월적 목표를 세울 수 있는 자기실현의 삶이 아니라면, 기본적으로 오염되지 않고 정직하고 솔직한 자기 노출의 생활방식을 이용함으로써 자기실현을 이룰 수 있다고 할 수 있다.

이러한 인간 중심 미술치료의 기법을 푸드 테라피에 적용해 보면 푸드 테라피는 내담자의 정신 깊은 곳까지 탐색할 수 있는 의지와 힘을 길러주며, 몸과 마음, 영의 조화로운 협력을 도와준다. 푸드 테라피를 통해서 내담자가 표현하는 감정은 두려움이나 불행, 불안에서 탈피하려는 것보다는 진정한 표현의 성취로부터 나오는 기쁨, 유쾌한 흥분을 얻고 창조적 표현으로 변화시키는 것이다.

05 행동적·인지적·발달적 푸드 테라피

　푸드 테라피에서 행동주의적 접근은 행동치료기법을 푸드 테라피에 실제로 적용시킨다는 것을 의미한다. 행동치료기법은 정신역동적 관점과 행동주의적 관점이 서로 상반되는 이론으로 널리 알려져 왔으나, 사실상 요리심리상담사들은 내담자의 특성에 따라 행동치료기법을 활용하고 있다. 이것은 심리치료와 행동치료는 치료에 있어서 강화를 이용하는 점이나, 전이현상의 의존, 통찰의 적용 등 유사점이 많기 때문이다. 따라서 행동주의 치료와 심리적인 치료 두 가지는 상호 보완적인 측면이 있다고 할 수 있다.

　행동주의적 치료 모형은 정신지체나 정서장애아처럼 발달장애 내담자나 행동문제를 지닌 성인에게 행동을 수정하는데 유용하게 활용된다. 행동주의적 치료 모형에 미술치료 기법뿐만 아니라 푸드 테라피를 포함하게 되면 교육적 효과도 크며, 지속적인 행동의 촉구, 정적 강화, 모델링 등을 통해서도 행동수정이 이루어지는데 유용하다.

　인지적 치료 모형은 인지가 외부 세계의 자극을 조절하는 수단이며, 인지는 언어와 관련이 있고, 인지와 언어는 미술에서 나타내는 상징성과 관련이 있다는 기본적인 이론을 바탕으로 하고 있다. 또한 인지는 창의성과 분리될 수 없으며 생각을 표현하고 받아들이는 중요한 매체로서 미술이 중요하듯이 푸드 테라피를 사용하는 것이 인지를 표현하는데 유용하다고 할 수 있다.

　인지적 치료 접근에서 미술이 인지를 표현하거나 창조적인 욕구를 수용할 수 있는 것처럼 푸드 테라피도 인지나 창조적 기능을 개발할 수 있다. 언어를 통해 발달된 개념들은 푸드 테라피를 통해 만들어진 요리작품에 의해 비언어적으로 표현될 수 있다. 즉 인지적 치료 접근은 내담자가 가진 인지의 상황을 요리 재료로 그리거나, 요리 재료의 색에 맞는 배합, 밀가루나 쌀 반죽으로 만들기와 같은 요리작품의 형태에서 추론될 수 있다.

발달적 치료 모형은 Freud와 Erikson, Piaget 등의 발달이론을 기초로 하고 있다. 발달적 미술치료라는 용어를 처음 사용한 Williams & Woods(1977)는 인지와 운동능력은 정상이나 정서장애가 있는 내담자에게 그들의 기법을 적용하며 효과를 거두었다. 발달적 미술치료 방법은 내담자의 특성에 따라 다르게 적용된다.

- 정형의 매체와 비정형 매체(모래, 물, 밀가루 등)를 활용한 비지시적 활동 : 매체의 선택, 활동, 주제, 내용을 내담자에게 허용

- 정형의 매체를 이용한 구조적·지시적 활동 : HTP 검사 등

- 비정형의 매체를 이용한 활동 : 내담자의 성향, 조작의 관점에서 관찰

에릭슨

피아제

발달적 치료 모형을 지원하는 발달적 미술치료를 푸드 테라피에 적용해 보면 내담자의 발달과업에 맞추어 각 발달단계에 따라 푸드 테라피 내용을 달리할 수 있다.

예를 들면 생활연령은 6세이나 0~2세(감각 운동기)의 수준에 머물고 있을 경우에는 요리 매체에 있어서 비정형 매체인 밀가루, 곡식, 물, 우유 등을 중심을 푸드 테라피를 할 수 있다. 푸드 테라피의 목표는 내담자 자신과 타인, 사물의 애착과 분화를 촉진시키기(밀가루 반죽 및 분리 활동 등) 긍정적인 감각 성향과 단순한 운동을 습득하기(밀가루 반죽하기, 반죽 밀기, 흔들기 등), 인과관계를 발견하기(색 조합 활동 등) 등을 치료의 목표로 활용할 수 있다.

2~7세(전 조작기)의 경우는 나이가 많을수록 폭넓은 요리 재료가 요구되며 푸드 테라피를 통해서 자율성 증진, 감정 표현과 분화의 촉진, 감각 분화의 발달, 상징화 능력 발달에 효과를 볼 수 있다.

제4장

심리치료의 종류

01 심리치료의 종류

 사회가 복잡해지고 급변함에 따라 세상이 빠르게 변화하고 사람들은 적응하지 못하고 혼란을 겪게 된다. 그래서 정신적인 장애가 많이 발생하고 있다. 따라서 치료라는 명사가 붙은 것이면 너도나도 관심을 가지게 될 만큼 우리는 여러 가지 치료가 필요한 시대에 살고 있다. 이에 따라 미술치료, 음악치료, 놀이치료, 무용치료, 연극치료, 모래놀이치료, 노래치료, 글쓰기 치료, 시치료, 향기치료, 색채 치료, 독서치료 등이 수도 없이 만들어지고 있다. 이러한 치료들은 처음에는 심리치료의 보조 수단으로 쓰였지만, 이제는 하나의 독립된 치료 영역으로 발전해가고 있는 추세이다.

 또한 사회가 점차 세분화되어 감에 따라 각 문제의 부분을 해결하기 위해서 다양한 치료 방법이 만들어지고 있는데, 이러한 치료 방법들은 제각각 장점을 가지고 있기 때문에 어떤 것이 가장 좋다고 말하는 것은 어렵다. 그러나 새롭게 등장하는 푸드 테라피에 대한 가치를 인식하기 위해서는 기존에 활동되고 있는 다른 치료들과의 객관적인 비교가 있어야 하겠다.

 푸드 테라피의 가장 중요한 차이는 다른 치료와 달리 요리를 만들면서 치료를 하는 것이다. 다른 치료에서는 내담자가 기법을 배워서 참여해야 하므로 상담에 수동적으로 참여할 수도 있으나, 푸드테라피는 생활 속에서 생존과 밀접한 관계에 있는 푸드테라피이기 때문에 흥미를 가지고 있고 주도적으로 참여할 수 있다는 장점을 가지고 있다. 또한 다른 치료는 시각이나 촉각만을 자극하나 푸드테라피는 미각, 청각, 후각, 시각, 촉각 등 오감을 자극할 뿐만 아니라 직품을 먹을 수 있다는 데서 매우 유용한 치류방법이라고 할 수 있다.

 그리고 푸드테라피는 주방에서 쉽게 구할 수 있는 요리 재료를 가지고 하기 때문에 건강에도 도움이 될 뿐만 아니라 재료나 조리방법에 따라 천차만별한 결과를 가져오기 때문에 기존의 많은 치료 방법들을 수용할 수 있다는 장점을 가지고 있다. 이외에도 푸드테라피는 편식 습관을 고칠 수 있으며, 먹는 것에 대한 위생 관념이 형성되고, 식생활에서 배울 수 있는 예절 교육이 가능하다.

〈표 4-1〉 심리치료 간의 차이

구분	푸드테라피	미술치료	음악치료	독서치료
매체	요리 재료, 푸드 테라피 활동	미술	음악, 악기	문학 작품, 인쇄된 글, 시청각 자료, 참여자 작품
대상	전체	미술을 할 줄 아는 나이	전체	글을 읽을 줄 아는 나이
성격	자기주도적	자기주도적	수동적	수동적
감각 자극	미각, 청각, 후각, 시각, 촉각 등 오감 자극	시각, 촉각	청각	시각
경험	직접 경험	직접 경험	직접 경험	간접 경험
창의성	푸드 테라피 활동을 하는 도중에 자연스럽게 형성	미술활동을 하는 도중에 자연스럽게 형성	음악을 들으면서 자연스럽게 형성	토론, 논술을 통해서 형성
표현 방법	그리기, 만들기, 먹기, 말하기, 쓰기	그리기, 만들기	듣기, 연주하기, 춤추기	토론, 역할놀이, 창의적인 문제 해결 활동
다양성	요리 재료, 요리방법과 목적에 따라 다양	미술로 한정	음악으로 한정	독서로 한정
장점	- 협응력 - 대소근육 조절 능력 - 정밀한 조작능력 - 편식 습관 개선 - 위생관념 형성 - 예절 교육 - 스트레스 해소 - 도구 사용법 습득	- 협응력 - 대소근육 조절 능력 - 정밀한 조작능력	- 마음 안정 - 스트레스 해소 - 악기 사용법 습득	- 사고 기능이 넓어짐
구분	모래놀이치료	이야기 치료	동물 매개치료	게임 놀이치료
매체	모래	이야기	동물	게임
대상	전체	이야기를 듣고 이해할 줄 아는 나이	전체	게임을 할 줄 아는 나이
성격	자기주도적	수동적	자기주도적	자기주도적

감각 자극	시각, 촉각	청각	시각, 촉각	시각
경험	직접 경험	간접 경험	직접 경험	직접 경험
창의성	모래놀이를 통해 형성	이야기를 들으면서 형성	동물을 키우며 형성	게임을 통해서 형성
표현 방법	그리기, 구성하기, 말하기	말하기, 쓰기	동물과의 교감	말하기, 쓰기
다양성	모래놀이로 한정	이야기로 한정	동물로 한정	게임으로 한정
장점	- 협응력 - 대소근육 조절 능력 - 정밀한 조작능력 - 스트레스 해소 - 도구 사용법 습득	- 마음 안정 - 정서 형성	- 마음 안정 - 스트레스 해소	- 스트레스 해소

02 미술치료(Art Therapy)

　　미술치료는 1800년대와 1900년대 초 유럽에서 정신 병리 진단의 보조 도구로 사용되면서부터 시작되었다. 그리고 산업화의 발달로 인간성 상실이 사회적 문제가 되고 정신 병리적 문제가 대두되면서 본격적으로 연구되기 시작했다. 그 뒤 미술 치료는 두 개의 큰 줄기로 나뉘어 발전했는데, 나움 버그(M. Naumburg)와 크레이머(E. Kramer)가 대표적인 인물이다(김선현, 2006).

　　미술치료는 지금까지 나와 있는 심리치료 방법 중에서 가장 많은 연구와 임상을 가지고 있는 분야다. 미술치료는 원래 미술적 표현 방법을 통해서 치료라는 영역이 합쳐서 이론이 정립되었다. 따라서 미술치료는 영어로 Art therapy라고 표현하기에 예술치료, 예술요법, 미술치료, 회화요법 등으로 번역되어 불리고 있으며, 좁은 의미에서의 미술로 번역할 경우에는, 그림, 조소, 디자인, 서예, 공예 등 미술의 전 영역을 말하며, 사실상 그림만을 의미하는 것은 아니다.

　　미술치료의 목적은 인간 개인이 가진 사회적 상호 관계에서 어려움에 처한 정서적 불안이나 삶의 어려운 상황을 표출하고, 때로는 개인의 내면적인 문제점을 발견하여 해결하여 건강한 사회생활을 영위할 수 있도록 돕고 때로는 개인의 무의식을 탐구하게 한다.

　　미술치료에서 진단 방법은 회화요법, 묘화 요법, 그림 요법 등 다양하게 사용되고 있으며, 표현 방법으로는 그림, 조소, 디자인, 서예, 공예 등을 사용할 수 있어 다른 치료에 비하여 다양하게 많이 활용되고 있어 내담자의 상태를 객관적으로 보는데 효과가 있다.

　　다음은 미술치료의 장점을 몇 가지 요약, 제시한 것이다. 미술치료를 하는 이유와 무엇을 제공해야 할 것인가에 대해 많은 논의가 있어왔다. 또한 나름대로의 제한점도 있고, 아직도 연구되어야 할 부분이 많지만, 심리치료의 한 방법으로서 독특한 이점도 가지고 있다(한국미술치료학회, 2000).

1) 미술은 심상의 표현

우리는 심상(image)으로 생각을 한다고 볼 수 있다. 즉, 말이란 형태를 취하기 전에 심상으로 사고한다. 즉, 엄마라는 말을 하기 전에 어머니의 심상을 떠올릴 것이다. 삶의 초기의 경험이 중요한 심상의 요소가 되며, 그 심상이 성격 형성에 중요한 역할을 하게 된다.

미술치료에서는 꿈이나 환상, 경험이 순수한 언어적 치료법에서처럼 말로 해석하기보다는 심상으로 그려진다. 예술 매체는 종종 심상의 표출을 자극하는, 즉, 일차적 과정의 매체를 자극하여 창조적 과정으로 나아가게 한다.

2) 비언어적 수단

그림은 비언어적 수단이므로 통제를 적게 받아 내담자의 방어를 감소시킬 수 있는 이점을 지니고 있다. 심상과 밀접한 관련이 있는 것이 방어이다. 우리는 어떤 다른 의사소통 양식보다 언어화시키는 작업에 숙달되어 있다. 미술은 비언어적 수단이므로 통제를 적게 받는다.

예상치 않았던 작품이 그림이나 조소에서 제작될 수 있는데 가끔 창작자의 의도와는 완전히 반대가 되기도 한다. 이러한 것은 미술치료의 가장 흥미 있는 잠재성 중의 하나이다. 예상치 않았던 인식은 가끔 환자의 통찰, 학습, 성장으로 유도되기도 한다.

3) 구체적인 유형의 자료

미술치료에서는 구체적인 유형의 자료를 즉시 얻을 수 있다. 즉, 눈으로 볼 수 있고 만져볼 수 있는 자료가 내담자로부터 생산되는 것이다. 미술의 바로 이런 측면이 많은 의미를 가지는 데, 예컨대, 내담자가 만든 어떤 유형의 대상화를 통해서 치료자와 내담자 사이에 하나의 다리가 놓인다. 저항적인 내담자들의 경우는 내담자를 직접 다루는 것보다 그들의 그림을 통해 접근하는 것이 더 쉽다고 할 수 있다.

또한, 내담자들의 감정이나 사고 등이 그림이나 조소와 같은 하나의 사물로 구체화되기 때문에 언젠가는 자신도 모르게 자신이 만든 작품을 보고 개인이 실존을 깨닫게 된다. 어떤 내담자는 단 한 번의 작품에서도 자신의 감정을 느끼기도 하며, 저항이 강한 사람은 더 오랜 시간이 걸린다.

4) 자료의 영속성

미술 작품은 보관이 가능하기 때문에 내담자가 만든 작품을 필요한 시기에 재검토하여 치료 효과를 높일 수 있다. 때로는 새로운 통찰이 일어나기도 하며, 내담자 자신도 이전에 만든 작품을 다시 보면서 당시의 자신의 감정을 회상하기도 한다.

즉, 그림이나 조소가 주관적인 기억의 왜곡을 방지할 수 있다는 것이다. 또한, 내담자의 작품 변화를 통하여 치료의 과정을 한 눈으로 이해할 수 있으며, 치료 팀의 회의에서도 작품을 통해 그 내담자의 생생한 목소리를 들을 수 있다.

5) 미술의 공간성

언어는 일차원적인 의사소통 방식이다. 대체로 한 가지씩 순서대로 나간다. 미술 표현은 문법, 통사론, 논법 등의 언어 규칙을 따를 필요가 없다. 즉, 본질적으로 공간적인 것이며 시간적인 요소도 없다. 미술에서는 공간 속에서의 연관성들이 발생한다. 이를테면, 우리가 가족을 소개할 때에도 먼저 아버지, 어머니를 소개하면서 두 분의 관계를 얘기하고, 그리고 형제들과 그들의 관계 그리고 나서 이 모든 식구들과 나와의 관계를 말할 것이다.

그러나 분명한 것은, 우리는 이 모든 것을 동시에 경험하고 있다. 미술의 공간성은 바로 경험을 복제한 것이다. 우리는 나의 가족을 말로 소개하고 그림으로 그것을 동시에 나타낼 수 있다. 가깝고 먼 곳이나 결합과 분리, 유사점과 차이점, 감정, 특정한 속성, 가족의 생활환경 등을 표현하게 되므로 개인과 집단의 성격을 이해하기가 쉽다.

6) 창조성과 에너지

미술 작업을 시작하기 전의 개인의 신체적 에너지는 다소 떨어져 있지만, 미술 작업을 진행하고, 토론하며, 감상하고, 정리하는 시간에는 대체로 활기찬 모습을 띤다. 체내의 에너지 정도가 변화한다는 것을 느낀 사람이 많다. 그것은 단순히 신체적인 운동이라기보다는 창조적 에너지의 발산이라고 해석된다.

03 음악치료(Music Therapy)

음악치료(Music Therapy)는 내담자를 도와 건강을 회복시키기 위하여 음악이라는 매개체를 통하여 개인이 가진 문제를 해결하고 변화를 이끌어 내는 치료적인 과정을 말한다.

음악치료 학회에 의하면 치유의 방도로서 음악을 사용하는 것은 아리스토텔레스와 플라톤 시대만큼 오래된 일이다. 20세기에 들어, 음악치료의 시도는 세계 1, 2차 대전 이후에 전문 음악가와 비전문 음악가들이 전쟁으로 인한 육체적, 정서적 장애로 고통받고 있는 수많은 재향군인들을 위하여 연주하면서부터 시작되었다. 음악에 대한 내담자들의 현저한 반응들이 의사들과 간호사들로 하여금 병원에서 음악인들을 고용하도록 요청하게 만들었다. 병원 음악인들이 치료에 들어가기 전, 훈련받는 것의 필요성이 곧 증명되어 세계 첫 음악치료 학위가 미시간 주립대학교에서 1944년에 설립되었다.

음악치료가 우리나라에 도입된 지 얼마 되지 않았기에 그동안 음악치료에 대한 정의도 끊임없는 변화를 거듭해 왔다. 한국음악치료 학회에서 내리고 있는 음악치료의 정의는 "음악 활동을 체계적으로 사용하여 사람의 신체와 정신 기능을 향상시켜 개인의 삶의 질을 추구하고 보다 나은 행동의 변화를 가져오게 하는 음악의 전문 분야다"라고 정의하고 있다.

음악치료의 대상은 정신 장애나 발달 관련 장애를 가진 사람들, 알츠하이머병 등 노화에 관련된 질병들을 가진 사람들, 후천적인 외상으로 고통받는 사람들, 뇌 손상을 입은 사람들, 육체적 질환으로 만성적인 고통을 가지고 있는 사람들이 음악치료의 대상자가 되며, 건강한 사람들도 음악치료의 혜택을 받음으로써 그들의 삶의 질을 높일 수 있다.

음악치료의 표현 방법은 음악 듣기, 연주하기, 춤추기 등으로 이루어지며, 음악이 치료적 도구로 사용되는 이유는 음악은 인간행동이며, 리듬은 조직자이며 에너지의 원천이고, 시간의 흐름 속에 존재되는 구조적인 현실이며, 장소와 사람의 수에 크게 구애받지 않으며 자유롭게 적용될 수 있다. 그리하여, 음악은 정보 운반, 학습, 자극을 유도함으로써 환자의 내면세계를 열리도록 하여 환자의 경향, 선호도, 친숙함, 현재의 기능을 파악하여, 음악을 통한 의미 있는 경험이 일어날 수 있는 치료적 환경을 만들어낸다.

정현주(2005)에 의하면 음악치료의 영역으로는 교육적 영역과 심리치료 영역, 의료 및 재활 영역이 있다.

1) 교육적 영역

대상자의 기능과 사회 적응에 필요한 기술, 학습에 필요한 개념을 습득하는 것에 음악이 치료적, 교육적 도구로 활용된다. 예를 들면 특수교육기관, 장애 아동 기관, 일반 교육기관(부적응이나 장애인) 등이 있다.

2) 심리치료 영역

음악적 경험을 통해 음악 감상을 투사적 기법으로 이용하는 수준에서부터 역동적인 즉흥 연주 경험을 통한 카타르시스를 경험하거나, 자기 통찰을 경험하는 수준까지 대상의 정신적, 심리적 건강을 위해 삶의 의미, 자신에 대한 가치, 규명된 문제에 대한 통찰력을 얻는데 음악이 활용된다.

3) 의료 및 재활 영역

대상자의 신체적 건강을 증진하는 데 초점을 둔다.

이상을 종합해 보면 음악치료 시 기대되는 일반적 효과를 보면 사회성 향상(관계 개선), 언어 구사 능력 향상, 책임감 향상, 기분전환, 집중력 향상, 이완, 자신감 향상, 상호 신뢰감 증진, 신체 기관의 기능 회복, 자기표현 등이며 원래의 치료 목적 이외에도 마음 안정, 스트레스 해소, 악기 사용법 습득과 같은 효과가 있다.

04 독서치료 (Biblio Therapy)

독서치료는 간단하게 독서 자료를 읽거나 들은 후에 토론이나 역할놀이, 창의적인 문제해결 활동 등의 과정을 거치고, 독서 자료로부터 문제에 대한 통찰력을 이끌어내도록 돕는 것이다. 즉 독서치료는 발달이 부족하거나, 특정하고 심각한 문제를 가지고 있는 내담자를 대상으로 다양한 문학 작품들을 매개로 하여 치료사와 일 대 일이나 집단으로 토론, 글쓰기, 그림 그리기, 역할극 등의 여러 가지 방법의 상호 작용을 통해서 자신의 적응과 성장 및 당면한 문제들을 해결하는 데 도움을 얻는 것을 말한다.

독서치료가 다른 일반적인 독서와의 차이는 책을 읽은 후에 구체적인 활동이 반드시 함께 일어나야 한다는 것이다. 독서치료 연구학회에 의하면 독서치료는 발달적 독서치료, 임상적 독서치료로 나누어진다. 발달적 독서치료는 사람이 정상적인 일상의 과업에 대처하기 위해 문학작품을 활용하는 것이다. 예를 들어 아이들의 배변 훈련, 동생이 생길 때, 유치원에 처음 갔을 때 등 치료의 의미보다 전체적인 발달을 도울 수 있는 것을 말한다. 임상적 독서치료는 정서적으로나 행동 면에서 심하게 문제를 겪고 있는 사람들을 도와주는 개입의 형태로서 특별한 문제에 초점을 두게 된다. 예를 들어 또래관계, 가족관계뿐 만 아니라 심지어 ADHD(주의력 결핍-과잉행동장애) 아동의 치료 방법이 되기도 한다.

독서치료에 사용되는 독서 자료는 문학 작품, 인쇄된 글, 영화나 비디오 같은 시청각 자료, 자신의 일기 등 내담자 자신의 작품 등을 말한다. 독서치료에서의 진단은 독서 자료를 읽은 후에 토론, 글쓰기, 그림 그리기, 역할극 등의 여러 가지 방법의 상호 작용 등이 있다.

05 모래놀이치료 (Sand Play Therapy)

모래놀이치료는 영국의 소아과 의사인 로웬펠드(Lowenfeld)에 의해서 만들어진 모래상자(tray)를 이용한 아동심리치료 기법으로 놀이치료기법 중에 하나이다.

모래놀이치료는 아동이 모래놀이를 하면서 자신의 사고를 표현하면서도 사고의 전체를 표현하는 데 있다. 그뿐만 아니라 모래놀이 치료는 매체로 모래를 사용하기 때문에 시각뿐만 아니라 촉감과 같은 감각 요소를 제공하여 아동에게 흥미를 유발한다.

모래놀이가 효과를 보려면 모래상자가 아동이 흥미를 가질 수 있도록 만들어져야 하며, 다양한 상황을 표현할 수 있도록 다양한 질감과 색깔의 모래를 첨가할 수 있어야 하며, 실제 모형의 축소판들을 나타내는 상징물이 많아야 한다.

모래판에 사용되는 상징물로는 사람모형, 동식물 모형, 탈 것, 무기, 자연물, 구조물, 만화영화 주인공들, 날씨를 나타내는 입체 구조물, 종교적 상징물 등이 쓰인다.

모래놀이 치료는 모래와 작은 모형들을 매개체로 아동의 무의식과 의식을 연결 지음으로써 치료가 이루어지는 과정이다. 이 기법은 언어가 별로 필요하지 않을 뿐 아니라 그림을 이용한 기법보다 아동의 심리적 부담을 줄일 수 있고 자기를 자유롭게 표현할 수 있다. 또한 그림이 이차원적이라면 모래놀이는 삼차원적으로 표현할 수 있다. 다른 기법에 비해 강한 충돌 표출이 가능하고 작품의 기록이 쉽다는 장점이 있다.

그러나 모래라는 매체를 벗어나기가 어렵고 다양한 상징물을 갖추는 것이 쉽지 않으며, 종류가 풍부하지 못하면 그만큼 아동의 흥미를 유지하거나, 내면을 표현하는 데 한계가 생긴다.

06 동물 매개치료(Animal Assisted Therapy)

1960대에 들어서 정신과 의사였던 보리스 레빈슨(Boris Levinson)은 그의 진료를 받기 위하여 대기실에서 기다리던 아동이 진료를 기다리고 있는 동안 개와 놀면서 치료를 받지 않고도 저절로 회복되는 놀라운 사실을 목격하고 치료에 대한 부수적 치료로 동물 매개 치료를 적극적으로 활용할 것을 제안하였다.

동물 매개치료(Animal Assisted Therapy)는 애완동물치료(pet therapy)라고도 하며, 동물이 갖추고 있는 자연스러운 행동이나 표정은 사람의 마음속에 융화되는 신기한 매력을 가지고 있어 사람과 사람 사이의 커뮤니케이션을 활성화하여 사람이 미처 잊고 있던 자기 자신의 본질이나 삶의 활력을 되찾는 계기를 만드는 것을 치료에 이용한 것이다. 즉 동물 매개치료는 특정한 기준에 맞는 동물이 인간의 신체적, 사회적, 정서적, 인지적 기능을 향상 시키거나 이와 관련된 문제를 치료하는 것이라고 할 수 있다. 동물 매개치료는 교육적이고 오락적 유익을 제공하여 삶의 질을 향상하는 기회를 제공하는 동물 매개활동(Animal Assisted Actitivities)과는 차이가 있다. 특별히 훈련된 특정 기준에 도달한 전문적, 준 전문적, 그리고 자원봉사자들에 의해 다양한 환경에서 이루어지고 있다.

동물 매개치료는 인간과 가장 감성적으로 접근 가능한 동물로 정신질환, 지체장애 등을 치료하는 것에 목적이 있다. 또한 동물 매개치료에서 사용하는 동물은 장애인 또는 노인들에게 서비스를 제공하기도 하지만, 운동량이 부족한 사람들에게 반려동물은 놀이 및 산책을 함께 할 수 있게 하고, 정규적인 식사 준비 및 기타 규칙적인 생활을 소홀하기 쉬운 독신이나 노인들에게도 보다 규칙적인 생활을 할 수 있도록 도움을 주어 건강증진에 긍정적인 효과를 주며, 스트레스 유발을 최소화시킬 수 있다.

동물 매개치료는 인간이 병이나 상처 또는 정신적인 증상을 받았을 때에 치료 목적으로 동물을 개입하는 것으로 심신 회복의 동기를 부여해 사회 복귀, 참여 등에 폭넓게 이용, 동물을 연구하고 입증하고 있다.

07 이야기 치료 (Narrative Therapy)

이야기 치료(Narrative Therapy)는 어떤 예상이나 선입관도 없이 사람이 사물 그 자체를 파악하는 것은 어렵다는 후기 구조주의의 시각에서 출발하였다. 그들의 관점에 의하면 세상에 대하여 가지고 있는 우리의 지식은 자신의 경험에서 나온 것이다. 그러므로 어떤 것을 안다는 것은 한계가 있어서 그것은 다른 사람의 경험을 자신의 관점에서 나름대로 해석하는 것에 지나지 않는다. 자신의 경험과 상상력을 활용하여 다른 사람이 언어화한 경험을 자신이 해석해 보려는 노력을 하게 된다. 다시 말하면 경험에 의미를 부여하는 해석과정 자체에 초점을 두는 것이다.

이야기 치료는 독서치료와 글쓰기 치료와 같이 이야기가 사람을 변화시키는 힘이 있다는 것을 전제로 하고 있다. 이야기 치료는 내담자와 치료사가 직접 대화를 통해 이야기를 만들어가는 과정을 통해서 치료가 되는 반면, 독서치료는 이미 만들어진 이야기를 매개로 한다는 점이 두 치료가 다른 점이다. 즉, 이야기 치료는 이야기를 만들어가는 과정을 통해서 문제를 해결하거나 상처가 치료되는 것을 말한다.

이야기 치료는 언어에 의존하고 있다. 이야기 치료에서 언어는 사물 세계를 그려내는 도구로 보기보다는, 사회적으로 만들어낸 세계가 언어의 부산물인 것으로 본다. 결국 이야기 치료에서 치료의 효과를 보기 위해서 이야기를 수용하는 것은 내담자가 다른 사람들과의 상호 작용 안에서 존재한다고 받아들이는 것이다.

이야기 치료의 목표는 문제 해결보다는 내담자들이 자신들 중심의 목소리에 지나치게 의존하고 있다는 사실을 깨닫게 하여 선택의 폭을 풍부하게 가지도록 돕는 것이다. 더 나아가 내담자와 협력하면서 내담자와 다른 사람들을 연결하는 데 도움이 되는 방법을 강조한 새로운 이야기를 공동 제작하는 것이다.

08 글쓰기 치료 (Journal Therapy)

글쓰기 치료는 정신적, 육체적, 정서적, 영적으로 더 나은 건강과 행복을 위하여 반성적인 글쓰기를 사용하는 치료방법이다. 아무 글이나 글쓰기를 한다고 해서 다 치료의 효과가 있는 것은 아니다. 글쓰기를 해서 치료를 하려면 내담자에게 상처가 되었던 과거의 사건을 자세히 묘사하고 그때 느꼈던 감정과 그때 사건을 보는 현재의 느낌을 함께 쓸 때 치료의 효과가 커진다. 이와 같은 글쓰기를 할 때 꼭 이야기되어야 할 사건들이 이야기되며 거기에 얽혔던 모호한 감정들이 의미 있는 감정으로 재구성된다. 글쓰기를 통해서 감정과 사건, 지금의 감정과 그때의 사건을 통합하는 과정을 거쳐야 감정의 지배를 받기보다 감정을 다스릴 수 있는 상태가 되며 치료가 된다. 글쓰기 치료는 표현 예술치료 쪽에서도 활용되고 있고 미국에서는 매우 활성화되어 있다.

글쓰기 치료를 할 때 주의할 점은 문법이나 작품의 완성도를 보는 것이 아니라 내담자의 경험과 내면의 감정을 솔직하게 표현하는 데 초점을 두어야 한다. 글쓰기 치료의 장점은 조금만 지도를 받으면 매우 값싸고, 시간과 장소를 초월할 수 있다는 것이나 단점은 내담자의 상처를 반복해서 자세히 꺼내기 때문에 고통을 주기 쉽다. 글쓰기 치료의 방법에는 서신 왕래, 저널 쓰기, 창의적 글쓰기, 시, 구조화된 글쓰기, 집단 회기에서의 글쓰기 등의 방법이 있다. 강은주(2004)는 글쓰기 치료의 효과를 다음과 같이 말하고 있다.

1) 정신적 측면

모든 연령, 인종, 성별, 지능에 관계없이 정신적이고 심리적 혜택을 줄 수 있다. 감정 충돌을 완화시켜주고, 자기 인식을 북돋우며, 행동 통제 및 문제해결능력 향상, 불안 감소, 현실감을 갖도록 돕기 등이 그에 해당된다.

2) 신체적 측면

스트레스는 면역기능을 떨어뜨리고, 심장질환을 부추기며, 관절염과 천식 등의 질병을 악화시키는데 글쓰기(journal writing)를 통해 긴장을 해소시킴으로 이러한 신체적 질병을 경감시키고 완화시킬 수 있다. 그러므로 불안, 좌절, 이혼, 손실감, 학대, 상처, 그리고 만성적 질환까지도 저널 치료를 활용함으로써 효과를 볼 수 있게 된다.

3) 기타

저널 치료는 건강한 사람에게 상당히 효과가 좋다. 창의성(창의적 표현) 증감, 스트레스 대처, 인생에서 기억할 만한 추억에 대한 기록 등을 할 수 있다.

09 시 치료(Poetry Therapy)

시는 꿈과 같이 인간의 무의식에 가장 가까운 언어로, 시의 이미지, 상징, 리듬, 운율과 같은 요소가 우리 내면세계로 통하는 문과 같은 역할을 한다고 본다. 이러한 의미에서 시 치료는 문학작품 중에서 주로 시를 가지고 치료를 하는 것이다. 따라서 독서치료 보다 그 매체가 한정되어 있지만 미국에서는 거의 독서치료와 동의어로 쓰일 정도로 대중적이다.

독서치료에서도 시를 치료에 사용하는데 이는 용도가 다르다. 즉 독서치료에서 사용하는 시는 심미성에 초점을 맞추는 것이 아니라 내담자의 내면의 세계를 표현하는데 관심이 있다. 반면에 시 치료에서 사용하는 시는 내담자의 가장 깊은 내면을 시의 형태로 표현하도록 도와서 카타르시스와 통찰이 일어나도록 하는 것이다. 시 치료의 과정을 보면 시를 통하여 내담자는 자신을 객관적으로 표현하고 그 속에서 자신을 돌아 볼 수 있게 되는 것이다.

시 치료의 대상은 특별히 정해져 있는 것은 아니나 외롭거나 대인관계가 제한되어 있는 환자에게서 좋은 효과를 볼 수 있다. 특히 전에 시를 써봤거나 좋아했던 사람에게 더욱 적합하다. 그러나 자신의 생각이나 감정을 꺼내 놓는 것을 좋아하지 않는 내담자에겐 도움이 되지 않는다. 특히 기질성 정신장애 환자나 반사회적 인격장애 또 급성정신병 환자에겐 시 치료를 적용시키지 않는 것이 좋다.

치료자는 내담자 자신을 탐색하고 표현할 수 있게 도와주는 시에 관심을 가지고 가능한 한 시의 특성이나 원리를 가장 효과적인 방법에 적용시키는 것이다. 시 치료에 나오는 시는 문학적으로 잘 된 시냐, 그렇지 못한 시냐 하는 판단이 중요한 것이 아니라 다만 감정 표현이 잘 이루어졌는지를 판단하고, 감정 공유가 잘 이루어지는지를 관찰하는 일이 중요하다. 시를 쓰든지, 잘 알려진 시를 읽든지, 치료 시를 처방하든지 간에 내담자로 하여금 그 자신을 더 잘 내보이도록 권유하는 방법에 중점을 둔다.

하인즈(Hynes)와 하인즈-베리(Hynes-Berry)(1994)는 시 치료의 목적을 반응 능력의 개선, 자기이해의 증진, 대인관계의 명확화, 현실 적응의 확대로 분류하고 있다.

1) 반응 능력의 개선

시작품은 이미지(심상)나 느낌을 자극해서 감정을 불러일으키고 풍부하게 해줌으로써 내담자가 반응하는 능력을 개선해 줄 수 있다. 특히, 자기 자신에게만 몰두해 있는 사람은 시로 인해 일상생활 중의 작은 아름다움들을 느끼고 알게 되어 드디어는 자기 자신을 제대로 인식함으로써 시 치료의 가장 중요한 치료적 기능을 경험하게 된다.

2) 자기 이해의 증진

다른 사람을 사랑하려면 먼저 자기 자신을 사랑할 줄 알아야 한다. 그러려면 자기 자신을 제대로 평가할 수 있어야 하고 그럼으로 인해 자신을 좀 더 정확히 인식하게 된다. 다시 말하자면 한 사람으로서 자신의 가치를 증진시켜나가는 것이다.

3) 대인관계의 명확화

자신의 정체를 파악하려면 다른 사람이 필요하다. 주변 사람들에게 자신이 어떻게 비치는지를 알아야 한다. 그러자면 다른 사람들과의 관계, 즉 대인관계를 인식해야 할 필요가 있다. 다른 사람들이 자신의 이야기를 듣고 있다는 사실부터 알아야 한다.

4) 현실 적응의 확대

다른 사람들의 의견을 들어봄으로써 현실을 보는 관점이 여러 가지로 서로 다를 수도 있다는 사실을 깨닫게 된다. 시작품에서는 일상적으로 만날 수 있는 구체적인 대상 등을 다루게 되는데 그러한 구체적인 이미지라든가 구체적인 정보에 따라 알맞게 관련되어 현실에 적응하는 폭이 커지게 된다는 것이다. 뿐만 아니라 그러한 이미지나 정보에 의해 의식수준으로 떠오른 어떤 생각이나 기억들을 이용해서 사회적인 현실과 심리적인 현실에 알맞게 적응할 수 있다.

제5장

노인을 위한
푸드 테라피

01 노년기의 신체적인 변화

노년기가 되면 우선 신체적으로 급격히 노화현상이 나타나면서 건강이 나빠진다. 따라서 자신을 사랑하고 존중하며 가치를 높게 평가하는 인성이 어느 때보다 필요한 시기다. 노화현상은 외형적 변화, 신체 내부 기능의 변화, 감각기능의 변화가 생긴다.

외형적 변화

외형적으로 피부는 콜라겐과 탄력소 섬유가 파괴되어 탄력을 잃으면서 주름이 생기고 처지기 시작한다. 모발은 멜라닌 색소가 부족하여 흰머리가 많아지며, 머리숱이 줄어들기 시작한다.

치아는 잇몸이 수축되고 골밀도가 감소하면서 이가 빠지기 시작하며, 뼛속의 칼슘분이 고갈되어 뼈 밀도가 감소하고 약해지면서 골절과 골다공증이 발생하며, 운동능력이 떨어지게 된다.

내부 기능의 변화

내부적으로는 침, 위 분비액 감소, 소장·대장 운동성 저하, 변비 및 각종 장 질환 발병율이 높아진다. 폐활량이 감소하고, 기관지 질환이나 호흡기 질환이 많아진다. 혈액순환 둔화, 고혈압, 동맥경화, 뇌졸중 등의 위험이 높아진다. 덥거나 추운 기온에서 신체 적응 속도가 느려지며, 멜라토닌(잠 호르몬) 분비 시간이 빨라지면서 일찍 자고 일찍 일어나게 된다.

감각기능의 변화

시각은 눈의 수정체가 탄력성을 잃으면서 초점이 모여지지 않아 글을 읽는 것이 어려워지며, 어둠과 번쩍이는 빛에 적응하는 시간이 더 길어지면서 야간 운전이 불편해지며, 백내장, 녹내장의 발병율이 높아진다.

청각은 청각세포와 세포막의 손상으로 고주파수의 소리를 듣지 못하는 노인성 난청이 시작되고, 이상한 소리가 들리는 이명 현상이 나타나기도 한다.

미각은 혀의 맛봉오리의 수가 감소하면서 단맛과 짠맛에 비해 쓴맛과 신맛에 대한 감각이 더 오래 지속되고, 점차 후각 기능도 마비되면서 음식의 맛을 느끼지 못하게 된다.

노년기에 찾아오는 신체적인 변화는 사람에 따라서 정도의 차이가 있지만 누구에게나 공통적으로 찾아오는 어쩔 수 없는 현상이다. 그래서 '세월 앞에는 장사가 없다.'라는 말을 한다. 다만 지속적인 건강 검진을 통해서 노화를 예방하기 위한 노력과 지속적인 운동과 건강식품 복용을 통해서 조금 지연할 수 있을 뿐이지 신체적 변화를 막을 수는 없다.

02 노년기의 건강

'태어날 때는 순서가 있지만 죽을 때는 순서가 없다'는 말이 있다. 살다 보면 후배가 먼저 죽기도 하고, 동생이 먼저 죽기도 한다. 수명은 부모로부터 물려받은 유전적인 요인도 있지만, 젊었을 때 건강 관리를 어떻게 했느냐가 중요한 영향을 미친다.

노인을 대상으로 본인의 여생을 어떻게 보내고 싶은지에 대한 설문 결과를 보면 '건강 유지를 하면서 보내고 싶다'는 응답이(52.3%) 가장 높았고, 그다음은 '건강이 허락하는 한 소득 창출을 위한 일을 하면서 보내고 싶다'(19.6%), '편안히 쉬면서 보내고 싶다'(14.6%), '종교 활동에 전념하면서 보내고 싶다'(5.8%), '젊어서 하지 못한 취미활동을 하면서 보내고 싶다'(4.1%), '자원봉사와 같은 의미 있는 일을 하면서 보내고 싶다'(2.5%), '학습과 같은 자아 개발을 위한 활동을 하면서 보내고 싶다'(1.1%) 등의 순으로 나타났다. 이를 보면 대다수 노인들이 건강 유지와 소득 창출에 대한 욕구가 강함을 짐작할 수 있다.

노년기에 접어들면 노화현상 시작되면서 건강이 점차 나빠진다. 건강이 나빠지면 신체의 활동에 다양한 변화를 가져오며 여러 가지 질병을 유발한다. 노년기가 되면 신체 구조의 쇠퇴가 시작되는데, 피부와 지방조직의 감소, 세포의 감소, 골격과 수의근의 약화, 치아의 감소, 심장 비대와 심장 박동의 약화 등의 현상이 나타난다. 이로 인하여 동맥경화증, 고혈압, 당뇨병, 심장병, 신장병 등의 만성질환이 나타난다.

질병은 모든 연령대의 사람들에게 영향을 미치지만, 특히 고령자들에게는 합병증으로 유발된다. 예를 들어 과다활동성 갑상선(갑상선 기능 항진증)이 오면 정서적으로 초조해지고, 신체적으로는 체중이 줄게 되는데, 고령자들에게는 졸리고 무기력하고 우울증을 동반하게 한다.

우울증은 치매를 악화시킬 수 있고, 감염은 당뇨병을 악화시킬 수 있으며, 이러한 질병은 노후 생활을 하는 사람들에게 처참하고 무기력하게 하는 효과가 있다. 고령자에게 사망 가능성이 큰 심장마비, 고관절 골절 및 폐렴과 같은 질병들은 종종 노후의 삶을 더 위험하게 하고 있다.

건강이 나빠지면 점차 활동이 어려워지면서 집에서 거주하는 시간이 길어진다. 그리고 건강을 잃게 되면 건강을 회복하기 위해서 의료비용의 지출과 집안의 신경이 온통 집중되게 된다.

이처럼 질병에 걸리거나 건강 상태가 나빠지면 노인들의 경제적인 문제를 발생시키며 일상생활에서 의존성을 증가시키고, 심리적인 위축 및 정서적인 불안정을 가져오며, 사회적 역할을 제한하는 등 노인 생활에 부정적인 영향을 끼친다.

건강이 나빠지면 심리적인 위축으로 노후생활 전반에 영향을 미치게 될 뿐만 아니라 노동력 상실을 수반하고 이로 인해 가난, 사회 활동 감소, 고독의 문제가 발생한다. 특히 무자녀 노인이라든지 자녀와 별거하여 사는 독거노인들은 질환이 발생하면 만성적인 건강 장애 및 생활 곤경에 처할 위험이 매우 높아지게 된다.

03 노화로 인한 변화

노화는 누구에게나 예외 없이 나이가 들면 찾아오는 자연스러운 현상이다. 나이가 들수록 생체 내에서 노화는 지속적으로 진행하고, 신체의 각 부분들이 기능 저하를 가져온다. 노화에 나타나는 생물학적 특성을 보면 다음과 같다.

- 소화 기능 : 나이가 들면서 침의 분비, 위액, 소화효소가 감소하며 이는 칼슘과 철과 같은 무기질의 분해와 흡수를 어렵게 하여 골격계 질환을 가져오거나 빈혈이 증가한다.
- 혈액순환 기능 : 고혈압, 동맥경화증, 뇌졸중 등이 나타난다.
- 호흡 기능 : 폐에 들어와서 순환되지 않고 남아 있는 호흡의 양이 점점 증가하여 폐 등 호흡기 질환의 주된 원인이 되기도 한다.
- 기초대사 기능 : 기초대사율은 감소하고 탄수화물 대사율은 증가한다. 이것은 인체 내부에 당분이 적절히 유통되지 못하고 혈액에 정체되어 남아 당뇨병의 원인이 된다.
- 신장기능 : 인체 내의 수분과 전해질의 균형, 산과 염기의 평형, 체내 노폐물의 배설 등을 담당하는 기능이 저하된다.
- 비장 기능 : 당을 조절하는 인슐린의 생산 저하를 가져옴으로써 노인성 당뇨병의 발생률을 증가시킨다.
- 간과 담낭 기능 : 간세포가 줄어들어 간의 질량이 낮아지고, 재생력이 감소하며, 담즙을 구성하고 있는 성분들의 고형화로 담석증에 걸릴 가능성이 높아진다.
- 수면 : 불면 현상이 나타나는데 불면은 노년기의 우울증이나 신경증, 죽음에 대한 공포 등 심리적 문제로 인해 발생하기도 한다.
- 방광 기능 : 산성 성분과 요소 성분의 감소에 의해 야뇨 현상이나 방광염을 유발

한다.

- 생식기능 : 여성은 폐경, 남성의 경우는 생식능력을 상실한다.

- 피부 : 신진대사의 약화로 인해 세포 분열이 느려져서 상처의 치유 속도가 늦어지며, 피부의 신경세포와 혈관이 감소하여 체온 조절력이 감소한다.

- 골격 : 뼈가 약해지고 골다공증이 발생한다.

- 근육 : 근육이 약화된다.

- 신장과 체중 : 신장과 체중이 줄어든다.

- 치아 : 이가 점차 빠진다.

- 시각 기능 : 40세 이후부터 동공 근육의 탄력성이 약화되고 수정체 내부의 섬유질이 증가하여 근거리를 보기 어렵고 시각이 흐려지는 노안이 발생한다.

- 청각 기능 : 50세 전후 난청 현상이 나타나기 시작한다.

- 미각 기능 : 40세 이후부터 서서히 미각 세포가 감소하다가 60세 후반부터 감소 현상이 증가하고 70세경에 되면 단맛과 짠맛을 점차 느끼지 못한다.

- 통각 기능 : 질환을 파악하는 능력, 질환의 고통을 감지하는 능력이 떨어진다.

- 촉각 기능 : 피부의 노화에 따라 촉각 기능이 저하된다.

- 후각 기능 : 후각과 폐의 기능이 약화할수록 후각 기능이 떨어진다.

노화는 정상적으로 나이를 먹어감에 나타나기도 하지만, 병에 걸리거나 강력한 스트레스에 시달려도 급속하게 시작된다. 실제로 당뇨병이나 관절염은 유전이나 생활양식에 기인하여 이루어지는 질병에 의한 노화다.

04 노인에게 푸드 테라피가 필요한 이유

노인을 위한 푸드 테라피는 음식과 식사를 통해 심리적, 사회적, 생리적인 측면에서 건강과 웰빙을 촉진하는 치료적인 방법이다. 특히 노인들에게 푸드 테라피가 필요한 이유는 다음과 같다.

영양 섭취 유지

노인들은 연령과 건강상태에 따라 영양 섭취가 부족해지는 경우가 많다. 따라서 노인을 위한 푸드 테라피는 영양가 있는 식품을 통해 노인들의 영양 섭취를 유지하고 개선하는 데 도움을 줄 수 있다.

생리적 건강 촉진

올바른 식단과 영양소는 건강한 노화 과정을 촉진하고 만성적인 질병의 위험을 줄일 수 있다. 따라서 노인을 위한 푸드 테라피는 올바른 식단과 영양소를 제공해 신체적 건강을 증진시키는데 도움이 된다.

사회적 측면 강화

노인들은 종종 사회적으로 고립되거나 외로워지는 경향이 있다. 푸드 테라피는 노인들에게 식사 시간을 통해 가족, 친구들과의 소통과 교류 기회를 세공하여 사회적 지지를 촉진켜준다.

심리적 안정 제공

푸드 테라피는 노인들이 자신의 문제를 표현하고 심리적으로 안정감을 얻는 데 도움이 된다. 특정 음식은 감정적인 안정을 제공하거나 추억과 연관된 감정을 자극할 수 있다.

기억력 개선과 치매 예방

영양 섭취와 뇌 기능 간에는 관련성이 있을 수 있으며, 특히 신경 보호를 위한 영양소가 기억력 개선과 치매 예방에 도움이 될 수 있다.

식욕 부진 개선

노인들은 식욕 부진으로 인해 영양 섭취가 부족해지는 경우가 많다. 푸드 테라피는 맛있는 음식과 다양한 조리법을 통해 식욕을 자극하고 개선하는 데 도움이 된다.

05 푸드 테라피 적용 방법

노인에게 푸드 테라피를 적용하는 방법은 각 개인의 상태와 필요에 맞게 맞추어야 합니다. 아래는 일반적으로 푸드 테라피를 적용하는 방법의 일부입니다:

영양 평가

우선 노인의 영양 상태를 평가해야 한다. 영양사나 건강 관리 전문가와 협력하여 노인의 영양 섭취 현황을 파악하고, 어떤 영양소가 부족하거나 필요한지를 확인한다.

맞춤식 식단 계획

개인의 건강 상태, 선호도, 알레르기, 식사 습관 등을 고려하여 푸드 테라피 계획을 수립한다. 이 과정에서 영양가 높은 식품, 필요한 영양소를 갖춘 식재료, 신선한 과일과 채소 등을 선택한다.

식사 시간 관리

노인을 위한 푸드 테라피는 자신이 만든 작품을 먹을 수 있어야 하며, 한끼 식사가 될 수 있도록 해야 한다. 그래서 노인에게 정기적인 식사 시간을 제공해야 하며, 노인들이 식사를 거르지 않도록 해야 한다. 노인들이 혼자 식사를 하기 어려운 경우, 가족이나 돌봄 서비스를 통해 도움을 주는 것도 중요하다.

음식의 시각적 매력

노인들은 음식의 시각적인 매력에 반응한다. 따라서 노인을 위한 푸드 테라피는 아름답고 맛있게 만들어서 식욕 자극에 도움이 되도록 해야 한다.

사회적 활동과 결핍 해소

노인들은 인간관계가 줄어들면서 종종 사회적인 결핍을 느낄 수 있다. 따라서 노인을 위한 푸드 테라피는 혼자하는 것보다 집단적으로 하여 사회적 모임을 조성하여 정서적으로 유대감을 가질 수 있도록 하는 것이 좋다.

음식과 감정의 연결

음식과 감정은 밀접한 연관이 있다. 노인을 위한 푸드 테라피는 노인들의 추억과 감정을 자극하는 음식을 선택하여 긍정적인 감정과 기억을 불러일으키는 것이 좋다.

식사 도구와 환경

노인들의 식사 도구와 환경은 식사 경험에 영향을 미칠 수 있다. 따라서 노인을 위한 푸드 테라피를 할 때는 편안한 의자와 테이블, 사용하기 쉬운 식기 등을 고려하여 제공해줘야 한다.

영양 교육

노인을 위한 푸드 테라피를 할 때는 노인들에게 영양에 대한 교육을 제공하여 올바른 식습관을 형성하고 건강한 식단 선택을 할 수 있도록 도와주어야 한다. 그리고 노인들에게 푸드 테라피를 적용할 때는 개인별로 다른 방식으로 적용되어야 하며, 전문적인 건강 관리 전문가나 영양사와 협력하여 실시하는 것이 좋다.

제6장

푸드 테라피의 효과

01 감성 발달

　요즘은 부모와 자녀 간에 대화를 나눌 수 있는 기회가 점점 줄어들고 있으며, 이혼가정의 증가와, 잦은 이사로 인하여 불안전한 가정에서 자란 아동이 과거에 비해 많아졌다. 또한 이들은 생활 속에서 많은 학업이나 부모로부터 스트레스를 받으며 자신의 감정을 잘 조절하지 못하고 화를 내거나 참지 못하는 경향을 보이고 있다. 또한 인내심이 적어 또래 아동과 싸움이 잦고, 쉽게 흥분하는 모습을 자주 볼 수 있으며, 이와 같은 경향은 아동에게 정서적 불안정을 가져오며, 거의 공격적이거나 그와 반대로 위축된 아동을 만들기 쉽다.

　이러한 이유로 인해 현대사회에서는 청소년 비행, 학교생활에 적응하지 못하는 문제가 자주 발생한다. 이런 문제들에 대하여 기존의 I.Q로는 설명력을 잃고 있다. 그래서 머리는 좋은 것 같은데 정서적으로 성숙하지 못하여 학교생활에 어려움을 겪는 아동이 있는가 하면, 스스로의 충동을 잘 조절하여 훌륭한 대인관계를 지속시켜 가거나 긍정적인 인생관으로 어려운 역경을 잘 이겨나는 아동도 많이 있음을 주변에서 흔히 볼 수 있다.

　결국 이러한 문제를 해결하는 것은 I.Q가 아니라 무언가 필요한 것이 있는데 그것이 바로 감성인 것이다. 미래세대가 원하는 리더의 조건은 '감성'이다. 그래서 IQ를 중시하던 교육계에서도 감성교육을 중요시하는 바람이 불고 있다. 기업들도 머리가 아닌 가슴으로 공략해야 한다는 모토로 '감성마케팅'을 펼치고 있다. 그렇다면 감성은 무엇이며 왜 중요한 것일까?

　감성이란 다양한 시각에서 정의가 가능하고, 또한 포괄적인 의미를 갖기 때문에 구체적으로 한정 지어 정의하기가 어렵다. 그러나 굳이 정의를 한다면 감성이란 자신의 오감(촉각, 미각, 청각, 시각, 후각)을 느끼고 이를 관리하고 조절하는 것이라고 할 수 있다. 또는 자신의 감정을 생산적으로 이용하며 다른 사람의 감정을 읽을 줄 아는 능력을 말한다.

　감성이 중요한 이유는 감성이 다른 사람과의 인간관계를 맺는 것과도 매우 밀접하게 관련되어 있기 때문에 감성이 높은 사람은 다른 사람의 감정을 잘 이해해 주며 자신의 감정을 잘 컨트롤하는 사람이기 때문에 많은 사람들이 편안해하고 신뢰감을 주기 때문이다. 따라서 감성이 높을수록 자신감이 높고, 겸손해지며, 남들로부터 신뢰감을 받고 성실하며, 변화에 민감하고, 성취욕구가 강하며, 성실하며, 변화에 대한 개방성이 높으며, 낙관적이며, 조직에 헌신하며, 남들로부터 호감을 받으며, 지도력을 얻어 결국은 사회적으로 성공률이 높아진다고 할 수 있다.

그러나 명심해야 할 것은 감성적 지능이나 이성적 지능이 서로 별개의 지능인 것처럼 생각하지 말아야 한다. 감성 교육만을 중시하는 생각은 이성적 지능교육만을 강조하는 것만큼이나 잘못된 생각이라고 볼 수 있다. 인간은 감성과 이성이 조화롭게 어우러질 때 보다 인간다운 인간으로 성장할 수 있기 때문이다.

아동의 자기감정 인식, 자기감정 조절, 자기 동기화, 감정 이입, 대인 관계 기술 등의 감성 능력을 키우려면 아동기부터 이루어져야 한다. 아동의 감성 능력은 요리심리상담사나 부모가 주입시켜 주는 것이 아니라 아동이 자연스럽게 감정을 표현하고 수용하며, 생각을 나누고 감정 조절의 방식을 배우고, 서로 격려하며 어울려 지내는 경험을 통해서 키워질 수 있는 것이다. 그러므로 아동기에는 오감을 자극할 수 있는 다양한 자극을 통해 아동의 감성을 발달시켜야 한다. 아동에게 요리를 통해 얻을 수 있는 감성은 다음과 같다.

1) 자신감과 긍정적인 생각을 길러 준다.

푸드 테라피 활동을 통해 아동은 요리를 하는 과정에서 자기 자신이 직접 작품을 만들므로 나도 할 수 있다는 자신감과 함께 잘하는 것이 있다는 긍정적인 생각을 갖게 된다.

2) 인내력과 욕구를 조절하는 능력을 길러 준다.

아동은 요리를 만들면서 바로 먹는 것이 아니라 요리를 만들어서 먹으려면 일정한 시간 동안 기다려야 하므로 인내력을 기를 수 있다. 또한 편식하는 아동에게 있어서는 요리를 통해서 각 요리 재료들이 다 중요하다는 생각을 갖게 되어 욕구를 조절하는 능력을 길러준다.

3) 자기 일을 계획하고 실천하는 능력을 갖게 된다.

요리를 하기 위해서는 재료를 계량하고 조리 계획을 세워야 한다. 또한 조리 계획에 따라 요리를 해야 원하는 작품을 만들 수 있기 때문에 아동은 자기 일을 계획하고 실천하는 능력이 길러진다.

4) 타인과 비교하고 창의성을 길러준다.

요리는 수많은 요리 재료를 가지고 다양한 조리 방법을 통해서 만들어지기 때문에 똑같은 작품은 나올 수 없다. 따라서 푸드 테라피 활동을 통해서 아동은 다른 아동의 작품을 보고 자신의 작품과 비교를 하면서 자신이 만든 방법만 있는 것이 아니라 다양한 방법이 있다는 것을 알게 되고 이를 통해서 창의력이 길러진다.

5) 자신의 감정을 표현하는 능력을 길러준다.

아동은 주어진 요리의 목표에 따라 조리 활동을 하면서 자신의 감정을 작품에 반영하여 만들게 된다. 따라서 푸드 테라피 활동을 통해 자연스럽게 아동이 가지고 있는 감정을 표현하는 능력을 갖게 된다.

6) 성실성과 협동심을 길러준다.

푸드 테라피 활동은 개별적으로 이루어지기도 하지만 집단으로 이루어지기도 한다. 개별적으로 푸드 테라피 활동을 할 때는 순서대로 하지 않으면 안되기 때문에 작품 활동 내내 성실하게 요리에 몰두해야 한다. 따라서 아동은 요리 과정에서 성실성을 배우게 된다. 집단 푸드 테라피 활동에서는 나만 잘 만들어서 되는 게 아니라 동료들도 잘 만들어 주어야 작품이 잘 나온다는 것을 깨닫게 되어 협동의 중요성을 깨닫게 된다.

02 창의력 향상

아동의 창의력 향상에 대한 부모들의 관심은 뜨겁기만 하다. 오늘날의 사회는 과거 산업화 사회에서 지식 사회, 정보화 사회로의 대변혁의 과정을 거치고 있다. 이것은 우리 사회 전반에 큰 변화를 가져오는 현상으로 상당한 불확실성과 복잡성이 내포된다. 그래서 예측 불가능성이 증가하기에 많은 사람들에게 스트레스를 주고 '위협'으로 느껴지게 한다. 따라서 21세기를 살아가는 우리들에게 가장 필요한 것은 바로 독창적인 사고의 차별성이라고 할 수 있다. 그래서 아동 때부터 청소년기에 이르기까지 창의력 개발 교육은 물론 심지어 창의력 있는 아동을 낳기 위한 태교 법도 생겨나고 있다. 지금까지는 어떻게 하면 많은 양의 지식을 습득하느냐가 교육학의 연구 대상이었다면 이제는 지식의 양보다 이를 통합적으로 응용하는 능력이 강조되고 있다. 더욱이 지금의 획일적인 공교육에 대한 비판의식이 높아지는 가운데 창의력이 차세대의 경쟁력을 좌우할 자질로 평가받고 있기 때문에 창의력이 경쟁력을 결정하는 시대가 되었다.

창의성에 대한 전문가들의 개념 정의는 다양하다. 흔히 창의성 하면 '엉뚱하고 기발한 아이디어'를 연상하지만 창의력은 이보다 훨씬 포괄적인 개념이라 할 수 있다. 즉 창의력이란 기존에 없던 무언가를 새롭고 독특한 것으로 만들어내는 능력이다.

늘 같은 것만 보고, 생각하고, 같은 방식으로만 행동하는 아동은 환경에 아주 작은 변화만 있어도 어쩔 줄 몰라 하며 당황하지만 다양한 것을 보고, 듣고, 사물을 바라보는 다방면의 시각을 기른 아동은 어떤 상황에 부딪혀도 차분하고 현명하게 보다 나은 답을 찾아낸다.

창의력은 결코 특별한 사람만이 갖고 있는 거창하고 특수한 것이 아니라, 다른 사고 능력과 마찬가지로 누구나 가지고 있는 보편적 능력이며, 그렇기 때문에 학습과 훈련으로 계발될 수 있다.

학자들에 따라 약간의 차이가 있기는 하지만 창의력은 대략 3세~5세 사이에 최고조에 달하여 발달하고 이후에는 서서히 퇴화한다고 한다. 어릴 때 창의성 계발이 절대적으로 중요한 이유가 바로 여기에 있다.

창의력은 열심히 노력해서 길러지기보단 타고난 능력이라고만 생각했고 그래서 다른 사고능력에 비해 어렵고 복잡한 능력이라고만 생각했다. 그러나 부모가 조금만 주의를 기울여도 일상적으로 스칠 수 있는 사소한 것으로부터 아동들의 창의력을 키워줄 수 있다.

요리는 다른 어떤 아동교육보다 창의적 사고가 필요하며 결과물이 보다 독창적이며 질적으로 우수한 사고를 산출하는 데 효과가 있다. 특히 만들어진 요리는 만드는 과정에서 만드는 방법이나 숙련도에 따라 결과가 아주 다양하게 나오므로 창의성이 높아질 수밖에 없다.

푸드 테라피 활동을 통한 창의력을 높이는 방법은 다음과 같다.

1) 만들고 싶은 것을 만들게 한다.

아동들에게 푸드 테라피 활동을 통해서 자신이 만들고 싶은 것을 마음껏 만들도록 하면 창의적 아이디어가 샘솟듯 쏟아져 나온다. 특히 지시와 명령 속에 자란 아동들에게 요리 재료를 주고 만들고 싶은 것을 만들게 하면 꽁꽁 묶여 있었던 창의성이 출구를 찾으면서 술술 풀려나오는 것이다. 따라서 아동들이 하고 싶은 일을 찾아서 그 일을 하게 하는 것이다.

뿐만 아니라 아동들이 만들고 싶은 것을 만들게 하되 푸드 테라피 활동을 하면서 아동들의 창의성을 자극하는 대화를 나누면 아동의 창의성은 더욱 증가하게 된다. 아동들의 푸드 테라피 활동을 통해서 창의성을 높일 수 있는 대화 방법은 다음과 같은 것이 있다.

예

- 요리심리상담사 : "우리 공주는 뭐가 가장 좋아?"
- 아동 : 응 동물이 "제일 좋아요."
- 요리심리상담사 : "어떤 동물이 제일 좋은데?"
- 아동 : "난 기린이 제일 좋아요."
- 요리심리상담시 : "기린이 좋은 이유는 무엇이지?"
- 아동 : "키가 커서요."
- 요리심리상담사 : "키가 큰게 뭐가 좋은데?"
- 아동 : "나중에 나도 큰 사람이 되려고요."

아동과 요리심리상담사의 대화에서 보듯이 푸드 테라피 활동을 하면서 요리심리상담사는 아동이 좋아하는 것을 찾아내어 대화를 계속 유도해 나감으로써 사고를 자극하게 하고, 아동은 답변을 찾는 과정에서 창의력을 높아지게 된다.

2) 원리와 결과를 말해 보게 한다.

세상의 거의 모든 일은 원인과 결과가 있듯이 요리에도 원인과 결과가 있다. 즉 원인인 재료가 있어야 결과인 작품이 있다는 것이다. 푸드 테라피 활동 중에도 만들고 싶은 것을 만들 때에는 어떤 재료가 좋은지를 생각하고 찾아내게 한다면 아동들은 사고가 발달하게 된다. 또한 재료를 가지고 어떤 결과가 나오는지를 지속적으로 질문을 하면 아동의 창의력은 높아지게 된다.

예

- 요리심리상담사 : "자동차는 뭐로 만드는 게 좋을까?"

- 아동 : "무하고 당근이요"

- 요리심리상담사 : "그럼 바퀴는 뭐로 만들지?"

- 아동 : "당근이요?"

- 요리심리상담사 : "차가 잘 굴러 갈려면 바퀴는 몇 개가 필요하지?"

- 아동 : "4개요"

예

- 요리심리상담사 : "밀가루에 물을 부으면 어떻게 될까?"

- 아동 : 밀가루가 "뭉쳐져요"

- 요리심리상담사 : "밀가루가 뭉쳐진 것을 반죽이라고 하는데, 반죽을 어떻게 면 평평해 질까?"

- 아동 : "방망이로 밀어요"

- 요리심리상담사 : "그럼, 반죽한 것으로 모양을 만들려면 어떻게 하는 게 제일 예 쁠까?"

- 아동 : "모양틀로 찍어 내요."

- 요리심리상담사 : "그럼, 네가 좋아하는 모양은 어떤 거지?"

- 아동 : "별 모양이요."

3) 반대말을 말해 보게 한다.

푸드 테라피 활동을 할 때 현재 사용하고 있는 요리 재료나 푸드 테라피 활동에 대한 반대말을 찾게 하면 아동은 뇌의 자극을 통해서 지능의 향상은 물론이고 상상력과 창의력이 발달하게 된다. 반대말은 서로 정반대되는 관계에 있는 말을 말하는 것으로 사전적인 뜻으로만 생각한다면 어렵지만, 아동들의 입장에서 생각하면 아주 간단하다. '크다', '작다' 또는 '길다', '짧다'처럼 서로 비교될 만한 것들을 찾으면 되는 것이다.

푸드 테라피 활동을 하면서 반대말을 찾는 데 익숙한 아동은 두뇌 회전이 빨라지게 된다. 또한 아동은 반대말을 찾는 것도 놀이라고 인식하여 경쟁적으로 답을 생각하기 때문에 사물의 특징을 파악하는 힘도 더욱 커진다. 아동이 반대말을 잘 찾아내지 못할 때는 가장 기초적인 것부터 시작하여 단계별로 어려운 반대말을 찾도록 한다.

예

- 요리심리상담사 : "수박과 오렌지 중 어떤 것이 크니? (or 작니?)"

- 아동 : 수박이요"

- 요리심리상담사 : "그럼 작은 것은 무엇이지?"

- 아동 : "오렌지요"

- 요리심리상담사 : "그럼 오이는 길이가 기니 짧니?" (오이와 마늘 사물을 제시하고)

- 아동 : "길어요"

- 요리심리상담사 : "그럼 짧은 것은?"

- 아동 : "마늘이요"

요리를 통한 반대말 찾기를 통해 아동은 새로운 단어를 알게 되고, 대립되는 말과 사물을 연결함으로써 뜻을 설명해 주지 않아도 짐작으로 알게 된다. 결국 사물을 보는 눈도 그만큼

넓고 다양해지는데, 다양하게 생각하는 것이야말로 창의력의 중요한 요소 중 하나이다.

4) 수수께끼를 내어 풀도록 한다.

푸드 테라피 활동을 할 때 부모가 아동에게 수수께끼를 내어 풀도록 하면 아동은 추리력과 논리력을 키울 수 있다. 사고력이 발달하지 않은 저연령의 아동에게 부모가 푸드 테라피 활동 중에 수수께끼를 내는 방법은 쉽게는 재료나 요리방법의 이름을 알아맞히는 놀이부터 하면 된다. 그러나 사고력이 높은 아동은 아동의 수준에 맞게 단순한 수수께끼보다는 결과를 상상해서 말하게 하는 수수께끼를 내는 것이 좋다.

수수께끼의 답은 원래는 하나이지만 보통 아동들은 다양한 답을 낸다. 그러므로, 생각하기에 따라 정답이 백 개가 넘는다면 아동들은 끝없이 상상의 나래를 펼 것이다. 똑같은 문제라도 아동의 연령에 따라 답이 달라질 수 있어야 좋은 수수께끼가 된다.

아동의 지적 능력과 연령에 따라 몇 단계로 수수께끼를 나누어 하는 것은 아동의 상상력을 자극하는 데 매우 좋다. 1단계 문제라고 해서 아주 어린 아동에게만 물어볼 필요는 없다. 연령이 높을수록 그만큼 생각의 폭이 넓어서 뜻밖이 좋은 답이 나올 수 있다.

예

- 요리심리상담사 : "여기서 빨간 색은 무엇이 있지?"

- 아동 : "고추, 당근이요"

- 요리심리상담사 : "그럼, 고추를 먹으면 어떻게 될까?"

- 아동 : "매워서 얼굴이 빨개져요"

- 요리심리상담사 : "그럼, 고추를 어디에 넣으면 좋을까?"

- 아동 : "김치, 고추장, 멸치 볶음이요"

- 요리심리상담사 : "넌 어떤 게 제일 맛있어?"

- 아동 : "다 맛없지만 그래도 멸치 볶음은 맛있어요"

만약 아동이 엉뚱한 대답을 하면, 왜 그런 생각을 하게 됐는지 반드시 확인해야 한다. 그러지 않고 그냥 틀렸다고 해버리면 아동은 크게 실망하게 된다. 아동의 상상력은 어른들이 생각하는 것보다 훨씬 뛰어나므로 인내심을 가지고 이야기를 들어주는 것이 좋다. 아동의 생각을 인정해 주고 칭찬할 때 창의력도 커질 수 있기 때문이다.

아동이 창의력이 풍부하게 답을 못 하게 되면 요리심리상담사, 부모는 몇 가지 정도로 예를 들어 답을 말해주고 그 이유를 간단하게 설명해 주어야 한다. 그러한 서너 번의 반복을 통해 아동은 다양하게 생각하는 방법을 배우게 된다.

5) 책을 읽고 느낌대로 만들게 한다.

요즘 아동에게 글을 빨리 가르치려고 하는 부모들이 늘고 있다. 그런데 부모들이 미쳐 살피지 못하는 부분이 있다. 그것은 부모의 욕심에 의하여 바로 글을 아는 아동은 많아도 이야기의 내용을 파악하는 아동은 매우 드물다는 것이다. 문장의 뜻을 파악하지 못하면서 읽을 줄만 아는 것은 아무런 의미가 없다. 아동이 이야기의 내용을 올바로 파악할 수 있는 능력이 생겼을 때 독서가 비로소 지식과 감동을 전달할 수 있게 되기 때문이다.

아동이 '글자'가 아닌 '글의 의미'를 알게 하기 위해서 부모들의 주의 깊은 배려가 필요하다. 아동에게 글의 의미를 알게 하는데 가장 쉽게 도움을 주는 것이 바로 푸드 테라피 활동이다. 아동은 부모와 함께 같은 책을 읽고 느낌대로 요리를 해보는 것은 아동에게 글의 의미를 구체화하여 정확히 파악하는 데 도움이 된다. 책을 읽는 데도 조금만 방법을 달리하면 아동에게 읽기의 진정한 즐거움을 줄 수 있다. 그뿐만 아니라 책을 읽고 느낌대로 푸드 테라피 활동을 하게 되면 아동의 상상력과 창의력 개발에 큰 도움이 된다.

03 성취감 부여

　요즘의 아동들은 의지가 약하다고 한다. 그것은 어떤 일을 하든 쉽게 지치고 쉽게 포기하기 때문일 것이다. 그래서 부모들은 어떻게 하면 자녀를 강하게 키울 수 있는가에 고민이 많다. 자신감이 없는 아동들을 보면 과잉보호하는 부모의 양육태도를 발견할 수 있다. 어려서부터 이것저것 스스로 해본 게 많아야 "할 수 있다"라는 자신감이 생긴다. 그런데 과잉보호하는 부모는 자녀가 할 수 있는 것을 부모가 대신해 주거나 부모의 불안 때문에 못하게 하는 경우가 많아 아동 스스로 성취감을 얻을 기회가 없다. 경험해본 게 적으니 무엇을 할 때 덜컥 겁부터 나고 시도도 해보지 않은 채 도움만 청하게 된다.

　자녀를 강하게 키운다는 것은 결국 불굴의 정신을 길러준다는 것이다. 부모는 자녀가 어떠한 상황이 와도 포기하지 않고 자신이 세운 목표를 달성하기 위해서 꾸준히 도전하도록 동기부여를 하는 것이 중요하다. 그러나 이처럼 포기하지 않도록 자녀를 지도하는 것은 쉬운 일이 아니다. 자기가 알아서 하는 것이 아니라 부모의 의지에 의해서 끌려가기 때문이다. 따라서 자녀 스스로 포기하지 않게 하려면 그것은 바로 성취감을 느끼게 해줌으로써 가능해진다.

　성취감이란 어떤 일을 완성했을 때 느끼는 만족감을 말한다. 따라서 성취감을 느껴 본 아동은 만족감이 높아서 어떤 일도 시작하면 포기하지 않게 된다. 그렇다면 우리 아동에게 성취감을 느끼게 해주는 방법은 무엇이 있을까? 그것은 바로 아동들이 재미있어하는 것을 하게 해준다면 아동들은 포기하지 않게 된다.

　요리는 아동들이 흥미를 느끼는 분야이다. 따라서 부모는 아동들이 흥미를 느끼는 요리를 통해서 작품을 선정하고 그것을 만드는 과정에서 아동이 성취감을 느끼게 해주면 된다. 요리를 통해 목표에 도달했다는 성취감은 결국 아동에게 높은 자신감을 준다. 이렇게 쌓인 자신감은 어른이 되어서도 목표를 잃지 않는 자신 있는 삶을 살게 해 준다.

　험난한 세상에 부모가 아동들에게 물려줄 것은 성공을 위해 포기하지 않는 사람으로 만들어 주는 것이다. 인생이란 운동 경기와 비슷하다. 지다가도 이기고 이기고 있다가도 질 수 있는 운동 경기와 비슷하다. 포기하면 정말 이길 방법이 없다. 그러나 언제나 상황은 달라질 수 있다고 믿고 포기하지 않으면 뒤집어질 수도 있다.

따라서 부모는 자녀에게 성취감을 경험하게 해서 지속적으로 도전하게 만드는 것이 중요하다. 푸드 테라피 활동을 하면서 부모는 자녀가 포기하지 않고 작품을 만들도록 격려하고 칭찬하는 것을 통해서 아동이 성취감을 느끼게 한다. 또한 푸드 테라피 활동을 하면서 푸드 테라피 활동과 관련하여 성공한 위인들의 이야기를 들려주는 것도 포기하지 않고 끝까지 작품을 만드는 데 도움이 된다. 위인들이 성공한 이유는 뚜렷한 목표의식을 가지고 포기하지 않고 목표를 달성했기 때문에 성공을 이룬 것을 알려 주어야 한다. 아동은 푸드 테라피 활동을 통해서 자신이 만들어야 하는 작품을 설정하고 작품을 만들면서 요리를 통한 성취감을 느낀다면 아동들은 포기하지 않는 삶을 살게 될 것이다.

푸드 테라피 활동을 통한 성취감을 높이는 방법은 다음과 같다.

1) 격려해 준다.

강박감이 많거나 결벽증처럼 완벽주의적인 부모들은 자녀의 요리 결과에 대하여 평균 이상의 높은 수준을 요구하거나 아동 다운 실수를 용납하지 못하고 자녀를 자주 혼 내게 된다. 이런 푸드 테라피 활동은 오히려 아동이 아주 우수한 능력을 갖고 있더라도 자기는 늘 못한다고 생각하게 만드는 원인이 된다.

푸드 테라피 활동을 처음 하는 아동일수록 우선은 아동의 기를 살려주는 게 필요하다. 아동이 자꾸 혼나고, 비교당하고, 하는 것마다 제재를 당한다면 당연히 기가 죽는다. 따라서 요리를 잘 못하거나 원하는 형태로 하지 못하더라도 부모가 자녀를 사랑하고 믿어주고 있다는 확신이 자녀 마음속에 들도록 지도해 주어야 한다. 아동 스스로 뭐든지 많이 해보게 하여 스스로 성취감을 맛보게 해야 한다. 수학 점수 100점을 맞은 것이나 요리를 해서 결과를 만들어 낸 것은 아동에게는 똑같은 성취감을 준다. 부모가 할 일은 자녀의 시행착오를 격려하고 지켜보면서 잘 못하는 것은 옆에서 도우며 성취감을 느끼도록 해주어야 한다.

2) 만들고 싶은 것을 만들게 해준다.

하기 싫은 것을 시키면 누구든지 하기 싫어한다. 마찬가지로 푸드 테라피 활동도 부모의 의지에 의해서 자녀에게 무조건 만들라고 하면 아동은 푸드 테라피 활동에 싫증을 느끼게 된다. 따라서 푸드 테라피 활동을 통해서 성취감을 높이려면 주제는 자녀가 원하는 것을 부모가 정해 주는 것이 좋다. 주제를 정할 수 없는 아동은 부모가 주제는 정해주되 만드는 방법은 아동이 자기 마음대로 만들 수 있도록 놓아두어야 한다.

아동이 만들고 싶은 주제나 방법을 선정할 때 학습적인 효과를 얻으려면 푸드 테라피 활동을 하면서 아동의 사고를 자극할 수 있는 질문을 통해서 아동의 생각이 잘 드러나도록 표현하게 하는 것이 좋다. 그러나 부모의 욕심대로 높은 생각을 표현하게 하거나, 높은 수준의 작품이 나오기를 바라면 요리에 익숙하지 못한 아동들은 푸드 테라피 활동도 하나의 스트레스가 될 수 있다.

푸드 테라피 활동을 하면서 부모가 질문을 잘하면 아동이 답변하기가 쉽지만, 질문을 잘못하면 아동은 오히려 답을 하기가 어렵다. 따라서 질문을 하기는 쉽지만 좋은 질문을 하는 데는 고려할 부분들이 있다. 좋은 질문이 되기 위한 조건들을 따져보면 다음과 같다.

첫째는 질문은 명확하고 간결하게 해야 한다. 질문이 명확하고 간결해야 아동은 부모의 질문이 무엇을 묻는 것인지를 아동이 쉽게 이해하여 대답할 수 있다. 또한 질문이 부모가 원하는 응답의 방향과 내용으로 유도할 수 있다. 그러나 질문이 명확하지 못하고 간결하지 못하면 아동은 부모의 질문 의도를 알지 못해 적절한 답변을 찾느라 고생하게 된다. 따라서 설명적인 장황한 질문이나 이중, 삼중의 중복적인 내용의 질문은 피해야 한다.

둘째는 여러 가지를 물을 때는 질문을 계열화한다. 한꺼번에 여러 가지 질문을 동시에 해야 할 때는 생각나는 대로 임의의 순서로 묻기보다는 가장 먼저 질문해야 할 것부터 차례차례 물어 결론 부분에서 해야 하는 질문 순으로 계열화하는 것이 바람직하다.

셋째는 개인차를 고려한 질문을 한다. 아동의 개인차에 따라 질문의 난이도를 고려함으로써 지적 능력이 높은 사람에게는 어려운 질문으로 자극을 주어 학습 의욕을 일으켜 주고 학습 부진아에게는 쉬운 질문으로 성취감을 경험하도록 하여 자신감을 갖고 참여하도록 하는 것이 바람직하다.

3) 쉬운 것을 만들도록 해야 한다.

요리는 어른이 해도 어려운 요리가 많다. 신체 발달이나 정교함이 떨어지는 아동들에게는 더욱 요리가 어려운 것이다. 요리가 어려워지면 어려워질수록 중간에 포기하게 되므로 오히려 좌절감만 주게 된다. 따라서 요리는 3~4가지의 요리 과정으로 끝날 수 있는 요리를 만들게 하는 것이 좋다. 어차피 푸드 테라피는 아동에게 요리를 가르치는 것이 목적이 아니라 요리를 통해서 여러 가지 교육적 효과를 얻기 위해서 하는 것이므로 아동이 쉽게 만들 수 있는 것이 좋다. 아동이 하기 쉬운 푸드 테라피 활동을 선택하려면 아동이 이미 알고 있었던 내용이나 경험한 사실을 토대로 하는 요리방법이나 작품을 선정하는 것이 좋다.

4) 만들 시간을 충분히 준다.

아동이 푸드 테라피 활동을 할 때 부모는 아동에게 요리 작품을 만들도록 하고 충분한 시간을 주고 기다려 주어야 한다. 부모의 수준에서 생각하여 아동에게 작품을 만들라고 지시한 후 얼마 되지 않아 아동에게 결과물을 재촉하게 되면 아동은 시간에 쫓기게 되어 마음껏 만들지를 못한다. 그러다 보면 푸드 테라피 활동에 대하여 강박관념이 생기기 쉬우므로 아동에게 충분한 시간을 주어 오감을 경험하고 자신의 생각을 충분히 반영할 수 있도록 해 주어야 한다.

04 집중력 향상

　최근 집중력이나 인내력이 낮은 아동들이 부쩍 늘고 있다. 부모들은 아동이 산만하고 집중력이 부족하다고 생각이 들면 아동들이 게으르거나 머리가 나빠서일 거라 생각하지만, 실제 집중력이 부족한 아동들을 살펴보면 그 원인이 '부모와의 관계'에서 비롯되는 경우가 많다.

　집중력을 높이려면 가족들이 일관성 있게 아동을 대하고, 아동과의 대화도 건성으로 임하지 않는 것이 중요하다. 특히 언어가 발달되지 않은 만 3세 이전의 아동들은 요리심리상담사가 함께 놀아주면서 아동의 마음을 진심으로 읽어주고 눈으로 이야기를 나누어 아동의 진심이 무엇일까를 파악하도록 해야 한다.

　따라서 아동과의 요리를 매개체로 한 놀이나 대화는 일상적인 아동과의 대화보다 아동의 정서 상태를 파악하는데 유리하다. 요리를 통해 부모는 지금 아동이 가진 기분 상태나 하루 동안 가장 즐거웠던 일 등 정서적인 부분을 표현하도록 하면 아동의 마음을 진심으로 이해하는 데 도움이 되며 이를 바탕으로 부모가 아동에게 해야 할 말과 행동을 결정하게 된다. 그뿐만 아니라 아동이 푸드 테라피 활동에 집중함으로써 아동은 작품을 만들면서 정서적으로 안정감과 집중력을 높일 수 있다.

　집중력은 한 가지 일에 마음이나 주의를 집중할 수 있는 힘을 말한다. 집중력이 부족한 아동들은 어떤 놀이를 하다가도 다른 놀이로 자주 바꾼다. 따라서 집중력이 부족한 아동은 한자리에서 주어진 과제를 완수해 성취감을 맛보는 일이 적고, 산만하고 충동적이다. 집중력이 부족한 아동들은 상황 변화에 따른 대처 능력도 떨어지고 결국에는 학습능력에도 영향을 미친다. 특히 한 가지 일에 금방 싫증을 느끼거나 산만하게 몸을 많이 움직이거나 손톱을 물어뜯는 등의 행동은 불안한 마음이나 심리적인 스트레스 때문이다.

　집중력이 떨어지는 이유는 우선 아동의 정서가 불안정하기 때문이다. 가장 중요한 것은 엄마와의 관계가 불안정하고 어릴 적부터 일관성 없는 양육환경에서 자라난 아동들은 집중력이 부족한 경우가 많다.

아동은 6세 정도가 되면 자기 통제 능력이 생겨 자신의 생각이나 느낌을 관찰하고 조절하는 게 가능해진다. 특히 초등학교 1, 2학년 아동들이 집중력 문제로 가장 큰 어려움을 겪는데 이를 방치해두면 학업에도 지장이 있을 뿐만 아니라 사회성 발달이나 성격 발달에도 좋지 않은 영향을 미칠 수 있다.

아동의 집중력을 평가하는 방법은 일반적으로 숙제나 공부를 하는 상황에서 초등학교 저학년은 평균 15~20분 정도, 고학년은 평균 30분 정도 집중력을 보인다. 따라서 초등학교 다니는 아동이 15분 이상 집중하지 못하면 집중력이 부족한 것으로 볼 수 있다.

푸드 테라피 활동을 통한 집중력을 높이는 방법은 다음과 같다.

1) 흥미 있는 것을 만들게 한다.

컴퓨터 게임을 할 때는 꼼짝하지 않고 몇 시간씩 앉아 있으면서도 다른 일은 5분도 채 버티지 못하는 아동들 때문에 고민하는 엄마들이 적지 않다. 게임은 강한 자극을 주기에 자연스럽게 집중력을 높이지만 다른 일들은 그만큼 재미가 없기 때문에 흥미를 유발하지 못한다는 것이다. 따라서 푸드 테라피 활동을 통해서 아동에게 평소에 관심을 가지고 있거나 흥미 있는 환경을 만들어 주고 좋아하는 것을 만들게 하면 자연스럽게 몰입이 되어 집중력이 높아지게 된다.

2) 목표를 정해 준다.

집중력이 낮은 아동은 주변의 사소한 자극에도 쉽게 주의를 빼앗기기 때문에 요리를 하는 도중 주어진 시간 안에 주어진 과제를 끝내지 못할 수도 있다. 따라서 정확히 무엇을 만들어야 하는지, 언제까지 끝내야 하는지 목표를 정해 주어야 한다. 그러나 처음부터 아동이 하기 어려운 정도의 목표는 오히려 싫증을 느끼게 할 수 있다. 따라서 아동의 집중력이 부족한 것에 반비례해서 목표를 설정해 주어야 하며, 이를 통해 아동은 성취감과 함께 집중력을 높일 수 있다.

3) 정서적으로 안정감을 느끼게 해준다.

아동들은 정서적으로 안정되어야만 집중력을 높일 수 있다. 아동이 불안감을 느끼게 되면 언제 닥칠지 모르는 위협으로부터 자신을 보호해야 한다는 생각에 푸드 테라피 활동에 집중하지 못하고 주위를 살피다 보면 산만해지게 된다. 따라서 푸드 테라피 활동을 할 때는 아동이 불안감을 느낄 수 있는 원천들을 제거해서 아동이 정서적으로 안정된 상태가 되어야 푸드 테라피 활동에 집중할 수 있게 된다. 정서적으로 안정감을 갖게 하는 방법 중에 하나는 요리를 하면서 안아주고, 쓰다듬어 주는 등 신체 접촉을 자주 하면 아동이 정서적으로 안정된다.

4) 자신감을 키워 준다.

자신감이 부족한 아동일수록 한 가지 일에 몰두하지 못한다. 집중력이 낮은 아동들 중엔 자존감이 부족하고 주눅이 들어 있는 경우가 많은데 이는 부모의 기대치를 채우지 못하는 자기 자신에 대한 불만과 부모로부터 혼날 거라는 두려움 때문이라고 한다. 결국 집중력을 높여주려면 아동이 자신감을 가질 수 있도록 부모의 눈높이를 낮추고 아동이 자신감을 가질 수 있도록 격려와 칭찬을 아끼지 말아야 한다. 요리는 아동 스스로 결정해서 주도적으로 행동할 기회를 많이 제공하기 때문에 자신감과 성취감을 경험할 수 있는 기회를 제공한다. 따라서 아동이 요리를 하는 동안 아동의 장점과 적성을 찾아 칭찬해 주는 것이 좋다.

5) 한 번에 한 가지 활동만 하게 한다.

아동은 여러 가지 활동을 한꺼번에 하는 것에 익숙하지 못하다. 집중력과 사고력을 담당하는 뇌의 전두엽은 서서히 발달하는 부위여서 아동이 여러 가지 정보를 동시에 처리하거나 고난도의 전략적 사고를 할 수 없기 때문이다. 아동이 푸드 테라피 활동을 하는데 푸드 테라피 활동과 전혀 관련이 없는 질문을 하거나 다른 것을 시키게 되면 아동의 집중력을 떨어뜨리는 것이다. 아동이 푸드 테라피 활동에 몰두해 있는데 TV를 틀어 놓거나 심부름을 시키는 것은 집중력을 높이는 데 도움이 안 된다. 따라서 아동이 푸드 테라피 활동을 할 때는 푸드 테라피 활동에만 집중할 수 있도록 방해되는 요인이나 다른 활동을 시켜서는 안 된다.

05 기초학습능력 향상

1) 현재 아동의 발달 수준에서 아동을 수용해야 한다.

부모가 아동을 적극적인 방식으로 수용하면 아동은 긍정적인 자아 수용감을 가진다. 따라서 푸드 테라피 활동은 아동의 발달을 위해 현재 수준보다 약간의 도전적인 것을 계획할 수도 있다. 이때 아동은 푸드 테라피 활동에서 성공감을 느낌으로써 자신의 기술과 자신에 대한 확신을 더욱 재정립하게 된다.

2) 연령 수준에 맞는 편안한 환경을 제공해야 한다.

아동은 편안하게 느낄 수 있는 곳에서 작업해야 한다. 아동들이 흘리거나, 엎지를 때 두려움을 갖지 않도록 작업하는 장소에 비닐이나 종이를 씌워주고, 더러워졌을 때 아동이 씻을 수 있는 물그릇이나 수건을 준비해 주면 정서적 안정감을 주면서 즐겁게 작업을 하고 독립심과 자신감을 발달시킬 수 있다. 이는 자아 수용을 긍정적으로 하고 스스로 자긍심을 갖게 한다.

3) 아동의 연령에 적합한 재료를 제공한다.

아동의 수준에서 작업할 수 있는 재료와 목표를 주면 실패감을 최소화하고 아동이 성공적으로 푸드 테라피 활동을 할 수 있다. 이때 아동이 좋아하는 재료를 제공하면 아동이 만든 작품을 더욱 좋아 보이게 한다.

4) 능력과 연령 수준에 따라 활동을 계획한다.

푸드 테라피 활동은 아동의 연령이나 능력, 흥미 수준에서 재미있어야 한다. 즉 아동들이 작업할 수 있고 혼자서 완성할 수 있는 창의적 재료와 흥미 있는 활동으로 계획한다. 아동들이 끝마칠 수 있는 푸드 테라피 활동은 자신감과 책임감을 느끼게 하기 때문이다.

06 사회성 증진

다른 사람과 어울릴 수 있는 정도를 사회성이라고 한다. 사람과의 관계에서 자기표현을 잘 하면서도 남을 이해하며 수용하는 행동을 적절히 조화할 수 있다면 사회성이 잘 발달되었다고 볼 수 있다. 그러나 내담자가 다른 사람들 앞에서 통 말이 없거나, 부모 뒤로 숨거나 하는 것은 아동에게 보편적인 일이다. 이러한 현상은 내담자가 언어에 문제가 있다기보다는 사회성과 관련된 일이며, 다른 사람과의 관계가 아동에게 심적으로 부담을 주기 때문이다.

내담자가 사회성이 부족한 이유는 내담자의 내적인 요인과 외적인 요인이 있다. 내적인 요인은 아동이 허약하거나 내성적이게 되면 또래들과도 잘 어울리지 못하게 되고 유치원 같은 대집단 활동을 하게 되면 단번에 내담자가 긴장하고 당황하게 된다. 외적인 요인은 아동이 집안 식구들 외에 외부 사람을 접할 기회가 부족했거나 아동의 또래 친구들과의 사귐을 도와주지 못한 경우다.

푸드 테라피는 아동이 흥미 있어 하는 것을 동료들과 함께 계획하고 준비하고 일을 분담하는 과정을 통해 아동에게 책임감을 키우고, 이야기를 나누면서 친밀감을 높일 수 있다는 데서 매우 효과적이다. 그러나 내담자의 사회성이 단번에 고쳐지는 것이 아니듯이 숫기 없는 행동도 비슷하다. 사회성을 향상시키기 위해서는 부모나 또래 친구들이 기다려주면서 천천히 진행시켜 나가야 다른 부적응이 없이 고쳐질 수 있다.

가정에서는 아동이 여러 사람 앞에서 말할 수 있는 기회를 만드는 것이 필요하다. 즉 자녀만을 가르치지 말고 또래 친구들과 같이 지도하면서 여럿이 모여 앉아 돌아가며 이야기를 한다거나 아니면 아동이 재미있었던 일이나 좋아하는 동화의 내용을 가족에게 들려주는 방법도 효과가 있다. 그때 부모나 동료들이 눈 맞춤을 하면서 잘 들어주고 재미있어하면서 칭찬해 준다면 아동은 그 활동을 놀이로 즐길 수 있게 될 것이다. 그 밖에도 협동으로 작품을 만들도록 하고 그에 따른 일감 분담을 통해 의사소통할 수 있는 기회를 제공해 주는 것이 좋다.

설사 아동이 많은 사람을 사귀지 않더라도 걱정하지 않아도 된다. 부모의 생각대로 여러 명과 어울려야만 사회성이 좋은 것은 아니기 때문이다. 사람들은 각자의 독특한 색깔을 지니고 여러 명의 사람들을 가볍게 사귀는 사람이 있는 반면 소수의 사람들을 깊이 사귀는 사람도 있다. 아동의 특성을 부모가 그대로 인정해 주어야 한다. 그러할 때 아동은 자신감이 생기며 다른 사람과의 관계도 잘 맺게 된다.

07 호기심 성장

우리는 의도적으로 도전을 해야 기회를 만들어 낼 수 있다. 평범이란 이름으로 남이 간 길을 무작정 따라가는 곳에선 기회는 생겨나지 않는다. 따라서 도전하기 위해서는 호기심이 왕성해야 한다. 호기심은 새롭거나 신기한 것에 끌리는 마음을 말한다.

아이가 어디에 있을까? 우리의 생활을 어떻게 하면 편하게 할 수 있을까? 새처럼 하늘을 날아볼 수는 없을까? 저걸 어떻게 하면 알 수 있을까? 이러한 호기심들을 모두가 한 번쯤은 가져보았을 것이다.

물론 이러한 호기심이 호기심으로만 끝나는 경우도 적지 않다. 그러나 어떤 사람들은 의문을 풀기 위해 혹은 문제를 해결하기 위해 돈키호테처럼 다른 사람들이 보기에는 터무니없는 열정을 갖고 달려들기도 한다. 또 그것이 생각지 않았던 의외의 결과를 가져오기도 한다. 성경에 나오는 아담과 이브는 호기심 때문에 따먹지 말라는 금단의 열매인 사과를 따먹었다. 호기심에서 비롯된 열정이 신의 경고도 무서워하지 않을 정도로 강렬했기 때문이다. 덕분에 여자는 출산, 남자는 노동이라는 형벌을 받으면서 인류 최초의 역사가 열리게 되었다.

인류 역사의 모든 발전은 호기심에서 시작되었다고 해도 과언이 아니다. 발명왕 에디슨은 사물에 대한 호기심으로 출발하여 아주 기발한 아이디어로 인류의 역사를 발전시켰다. 만약 그가 없었다면 우리는 현재 음악을 들을 수도 없고, 밤에 공부를 할 수도 없고, 일을 할 수도 없었을 것이다. 에디슨은 어렸을 적에 공부도 못하는 말썽꾸러기였다. 그래서 학교에서 쫓겨 나기도 하였다. 그는 호기심이 너무 많아서 공부는 뒷전으로 미루고 닭의 알을 품는 등의 괴기한 행동으로 정상적인 사회생활을 할 수가 없었다. 누가 봐도 에디슨은 문제아였다. 그러나 그 '문제아'가 지금의 인류 역사를 창조해 냈다.

사람은 누구나 호기심으로 인하여 지금의 내가 된 것이다. 우리는 어렸을 때부터 주변에 있는 모든 사람이나 사물에 대해 호기심을 가지고 있다. 갓 태어난 어린 아동에게는 사물에 대한 호기심으로 인해 손을 뻗쳐 물건을 잡아 보게 하는 도전을 부여한다. 6~7개월이 되면 오뚝이 같은 장난감을 손으로 치면서 팔을 움직이면 물체가 따라서 움직이는 것을 신기하게 여기고 같은 행동을 반복하면서 논다. 2세쯤 되면 또래들과 놀 기회가 많아져 남자나 여자의 외모나 목소리에도 흥미를 가지는 등 호기심의 범위도 넓어진다. 3세 무렵이 되면 사물에 대하여 궁금한 것을 자주 물어보게 된다. 그러다 어느 정도 성장하게 되면 호기심이 사라진다. 호기심의 충족이 많을수록 호기심은 더욱 커진다. 그러나 호기심을 해결하지 못하는 순간 호기심은 사라지기 쉽다. 호기심이 사라지는 순간 주변에 대한 모든 것에 대하여 큰 관심이 없어지게 된다.

08 탐구력 향상

탐구력은 진리, 학문 따위를 깊이 파고들어 연구하는 힘을 말한다. 탐구력은 아동이 주변 환경과 자연환경에 관심과 호기심을 가지고 탐구하게 하고, 사고능력과 창의적인 문제해결 능력의 기초가 된다. 탐구력은 교육부에서 제정한 유치원 교육과정 탐구생활의 목표이기도 하다.

푸드 테라피 활동은 다양한 탐구 실험의 장으로 요리 재료들의 모양이나 성장 상태, 가공 후의 모습, 색깔의 변화, 밀도, 질량, 열에너지에 의해 음식의 변화 상태 등을 자연스럽게 습득하여 과학의 개념을 이해하게 된다.

푸드 테라피 활동은 아동들 스스로 요리 재료나 조리 과정 중에서 흥미를 가지고 깊이 있게 사고하고, 관찰함으로써 탐구력이 생기게 해준다. 아동들은 문제를 해결해 나가는 과정에서 사고하고 탐구하는 경험은 창의력을 발달시키는데 매우 중요하다. 따라서 아동들의 탐구력을 배양하기 위하여 푸드 테라피 활동은 과정 중심적이어야 하며, 다른 영역과 탐구력 발달을 위해 통합적으로 운영되어야 한다. 푸드 테라피 활동은 다음과 같은 탐구력을 향상시켜 준다.

1) 원리를 쉽게 이해하고 기억에 오래 남게 한다.

과학의 개념은 눈으로 확인하기 어려운 것들이 많은 데 요리를 통해서 과학의 원리를 체험할 수가 있으므로 지식을 구체화하고 학생들에게 원리를 쉽게 이해하는 데 도움이 되며 기억에 오래 남게 한다.

2) 자기 주도적 능력을 갖게 한다.

과학을 통한 표현활동은 주어진 학습목표에 따라 재료를 준비하고 요리를 완성하기까지 자신이 전 과정을 주도하게 되며 완성된 요리로 인해 큰 성취감을 얻게 된다. 혼자서 만들어 가는 과정이기 때문에 모든 일을 스스로 해야 하며, 스스로가 더 멋있고 독특하게 표현하고 싶은 마음을 갖게 된다. 이러한 과정을 통해서 부모로부터 독립심을 기르고 목표를 달성하려는 동기유발을 일으키고 결국은 자기주도적인 능력을 갖게 된다.

3) 과학에 친근한 의식을 고양시킨다.

요리를 통한 과학 활동은 매일 먹고 쉽게 구할 수 있는 재료를 통해서 작품을 만드는 것이므로 아동에게는 매우 친근감을 준다. 요리 재료를 먹는 것으로만 알았던 아동은 먹는 재료를 과학의 원리를 이해하는데 사용할 수 있다는 다양한 변화를 체험하면서 요리 재료를 통해서도 과학을 학습할 수 있다는 사고의 전환을 통해 과학에 대하여 친근한 의식을 갖게 된다.

09 표현력 향상

　푸드 테라피 활동에서는 아동의 정서나 꿈, 환상, 경험을 언어적으로 표현하기보다는 요리 작품으로 만들어진다. 요리 재료가 가지고 있는 화학적, 물리적 성질을 이용하여 요리 재료로 활용할 수 있다. 요리 재료를 통해 그리기, 꾸미기, 붙이기, 오리기, 섞기, 만들기, 조각하기 등을 익힐 수 있다. 또한 푸드 테라피 활동은 요리에서 표현할 수 있는 모든 표현 방법이 가능하다. 그뿐만 아니라 오감을 자극하고, 작품을 먹을 수 있다는 데서 요리가 가능하다.

　푸드 테라피 활동 과정 중에 교사의 질문과 만든 후의 제작 의도, 만드는데 들어가는 재료, 제작방법, 맛있게 만드는 방법, 누구를 위해 만든 것인지를 질문함으로써 사고를 지속적으로 자극하게 하고 이를 통해 발표력을 향상시킬 수 있다.

　푸드 테라피 활동은 다음과 같은 표현력을 향상시켜 준다.

1) 창의적인 사고를 발달시킨다.

　요리 재료들을 직접 손질하고, 다듬고, 자르고, 만들면서 다양하게 경험하게 한다. 따라서 상상을 가능하게 하며, 이를 바탕으로 만들어 가는 과정에서 다양한 각도에서의 사고가 가능해 창의력이 높아진다.

2) 감정 상태를 파악하게 하는데 도와준다.

　요리는 아동이 자신을 가장 쉽게 표현할 수 있는 방법이며, 요리를 통한 활동은 요리 재료가 친근한 것으로 되어 가장 쉽게 구할 수 있는 직접적인 매체이며 자신의 감정을 그대로 표현하는 데 도움이 된다. 아동은 언어 사용에 한계가 있으므로 요리 작품을 통해 아동의 감정이나 개념, 상상 세계, 정신 상태 등을 자연스럽게 인식할 수 있다.

3) 정서 순화에 도움을 준다.

요리는 완성되기까지 일정한 과정을 거쳐야 한다. 일정한 과정을 거치려면 인내심을 가지고 정성을 들여야 한다. 재료를 썰고 음식이 익어가는 과정 동안 기다리는 훈련을 하게 되고 인내심이 길러진다. 따라서 아동은 이러한 요리 과정을 통해서 인내력과 교사에 대한 신뢰감을 얻게 되고, 자신의 창작품을 통해 자아존중감과 같은 정서가 발달하게 된다.

4) 친근한 미적 의식을 고양시킨다.

요리를 통한 푸드 테라피 활동은 매일 먹고 쉽게 구할 수 있는 재료를 가지고 하는 것이므로 아동에게는 매우 친근감을 준다. 요리 재료를 먹는 것으로만 알았던 아동은 요리의 재료를 푸드 테라피 활동에 사용함으로써 사고할 수 있는 지각 능력과 창의성의 폭을 키워준다.

먹는 재료를 통한 다양한 활용 방법을 체험하면서 요리 재료를 통해서도 아름다운 작품을 만들 수 있다는 미적 의식을 높이게 된다.

5) 다른 사람에 대한 존중하는 자세를 기르게 된다.

작품을 다 만든 후 아동은 다른 아동의 작품 감상을 통해 다른 친구들이 표현해 놓은 작품에서 그 친구의 감정, 그 친구의 느낌, 그 친구의 의도를 들으므로 나와 다르다는 것을 인식하게 된다. 그 과정에서 자신과 다른 사람의 차이점을 알고 존중하는 자세를 기르게 된다.

10 성장에 도움

영아기에는 아동의 신체가 몰라보게 쑥쑥 자란다. 그러나 아동기에는 신체의 성장 속도가 완만해지고 다시 아동기 이후 청소년기에는 또 다시 성장 급등이 일어나게 된다. 영아기에는 신체의 성장이 급속하게 일어나지만 운동 기능은 크게 성장을 하지 못한다. 반면에 아동기가 되면 운동기능도 더욱 강화되고 정교하게 발달한다. 아동기에는 우선 근육의 성숙과 같이 힘의 증가로 아동은 점차 빨라지고, 강해지고, 민첩해진다. 뛰기, 신호에 대한 반응, 짧고 빠른 동작의 연결 등의 운동 속도도 아동기를 통해 점차 증가한다.

최근의 연구를 보면 과거에 비해 오늘날 아동은 앉아서 하는 활동의 비중이 높고 아동이기에 충분히 발달되어야 하는 운동 기술의 부족으로 건강상의 문제를 갖게 되었다고 지적하고 있다. 이렇게 비활동적인 생활 스타일은 고혈압이나 아동 비만 같은 질병을 일으키는 위험한 요소로 보고 있다. 또한 아동기에 근육의 성숙과 힘의 증가는 통합 능력과 조절 능력을 가지지 못하여 아동의 뇌에서는 명령하지만 손으로 표현하기까지에는 원활하지 못할뿐더러 결과가 원하는 대로 표현되지 못한다.

결국 아동기에는 적정한 신체훈련을 통해서 대근육과 소근육의 조화, 뇌와 신경회로의 눈과 손의 협응력이 절실히 필요한데 이러한 훈련은 아동의 푸드 테라피 활동을 통해서 적절한 훈련을 할 수 있다. 또한 여러 가지 푸드 테라피 활동은 아동의 신체 활동에 실질적인 도움을 주며 근력·지구력·조정력 등의 발달과 또한 심폐 기능과 근력 등 신체 능력의 향상에 기여한다. 따라서 아동기의 식습관과 신체 활동은 건강과 성장에 매우 중요한 역할을 수행한다.

아동에게 푸드 테라피 활동은 아동의 신체 기능에 크게 두 가지 면에서 매우 효과적이다. 푸드 테라피 활동을 하면서 요리에 사용한 요리 재료의 중요성과 요리 재료별 영양가 및 신체와의 관련성을 알게 되어 신체를 골고루 성장시키는데 매우 중요한 역할을 수행한다. 그뿐만 아니라 신체기능을 발달시키기 위한 식습관 형성에 도움이 되어 아동을 건강하게 성장시킬 수 있다.

11 만성질환 예방

과거 우리의 식습관은 곡류와 콩류, 채소, 어패류 등이 주를 이뤘으나 입맛의 서구화로 최근에는 쌀 대신 육류나 유제품, 과일과 설탕의 소비가 늘고 있다. 문제는 식생활의 변화에 따른 영양 불균형 상태가 질병 발생의 주요인이 되고 있다는 점이다. 우리나라 사람들의 먹을거리가 점점 고기 위주로 바뀌고, 환경오염이 심해지면서 서구형 질병으로 사망하는 사람들이 크게 늘고 있는 것이다.

음식은 우리 몸에 중요한 역할을 함에도 불구하고 아무것이나, 겉모습만 보고, 남들이 먹으니까, 화가 나서 화풀이로, 허기진 배만 채우기 위해서, 그냥 심심해서 심심풀이로, 먹는 경우가 많다. 특히 우리 식생활의 서구화와 입맛에 길들여진 편식 습관, 야근을 핑계로 하는 야식, 화가 나서 먹는 폭식 등 또한 체질과 상관없이 남들을 흉내 내어 찾아가 먹는 미식, 이러한 식생활은 위장과 간, 췌장에 무리한 역할을 하게 하고 그로 인하여 그 기능이 떨어지게 되는 악순환으로 이어지는 생활이 반복된다. 몸에 맞지 않은 음식을 한두 번 먹는 것은 괜찮지만 지속적으로 먹게 된다면 분명히 문제가 생기게 된다. 마치 가랑비에 옷 젖듯이 서서히 건강을 잃게 되는 것이다. 나중에 가서야 때늦은 후회와 함께 새로운 다짐을 하게 되지만 건강은 한번 잃으면 다시 찾기가 정말 쉽지가 않다.

요즘의 아농들은 어릴 때부터 패스트푸드, 인스턴트의 범람, 설탕의 과잉섭취, 편식, 불규칙한 생활습관 등으로 인하여 현재의 성인병들과는 비교할 수 없는 미래의 성인병 예비자들이라는 것은 누구나 미리 짐작할 수 있다. 아동기에 편식으로 인한 불균형한 영양공급에 따른 문제점은 성인에 이르기까지 계속 이어지고 있으며, 가장 큰 문제는 그로 인하여 성인이 돼서도 만성질환으로 이어진다는 것이다. 결국 체격만 커지고 체력과 체질은 오히려 약화되고 있다는 것이 요즘 아동들의 현실이다.

성인병은 주로 40대 이상의 중년 이후에 나타났으나 최근에 들어서 청소년층에도 급속도로 나타나고 있는 아동 비만 및 아동 당뇨, 아동 심장계 질환 등이 전체 연령 층으로 급속히 확산되고 있는 추세이다.

12 성격 변화

    미국의 어느 한 교도소에서는 교도소 내 폭력 사건으로 골머리를 앓던 중 회색빛이었던 교도소 벽을 마음의 안정을 주는 은은한 분홍색으로 색깔만 바꾸었더니 폭력이 현저히 줄어 들었다고 한다. 그 교도소에서는 거기서 멈추지 않고 재소자들을 두 편으로 나누어서 한쪽 은 평소와 같은 인스턴트 음식만 먹게 하고, 다른 한쪽은 철저히 자연친화적인 음식만을 먹게 하는 식으로 철저한 음식을 관리하는 실험을 하였다. 그 결과 인스턴트 음식만을 먹었 던 쪽에서는 예전과 다를 바 없이 폭력도 있었고, 출소 후에 재범률이 오히려 증가하는 현상 을 보였다. 반면에 자연친화적인 음식을 먹는 쪽에서는 폭력이 현저히 줄어들었으며, 퇴소 후에 재범률까지 줄어들었다는 것을 알게 되어 이를 발표하였다.

    위의 보고는 사람의 성격이 벽의 색깔이나 먹는 식습관만 바꾸어도 별할 수 있다는 가능 성을 보여준 것이다. 즉 식습관의 변화만으로도 난폭한 성격이 바뀌어 사회에 순응할 수 있다는 것을 알 수 있다. 이와 관련하여 또 한 가지의 예가 있다.

    인류의 역사가 시작이 될 때는 사람들은 모두 O형의 혈액형을 가지고 있었다고 한다. 그때의 특징은 주로 수렵생활로 먹을거리를 해결하였다. 그러나 BC 2000년이 되면서 수렵 하는 것보다는 한곳에 정착하면서 농경생활을 시작하면서 질병과 바이러스에 따른 돌연변 이로 A형이 출현하였다. A형들은 수렵생활과 채집 생활에서 좀 더 진보한 농경생활을 주로 하게 된다. 아프리카에서 유럽, 유럽에서 아시아, 아시아에서 아메리카로 이동하면서 유목 민이 등장하는 과정에서 B형이 발생했고 이질적인 집단인 코카서스인 A형과 몽고인 B형들 간의 혼합형으로 AB형이 만들어지게 되었다. 이처럼 각각의 혈액형들이 태어난 곳도 다를 뿐더러 사람의 성격이나 기질에도 영향을 미치는 것은 육식과 채식 중 어떤 것을 많이 먹느 냐, 이동하면서 사느냐, 정착해서 사느냐가 영향을 준 것이다. 따라서 육식이나 이동을 좋아 하면 할수록 O형에 가깝고, 채식이나 정주를 하면 할수록 A형에 가깝다는 것을 알 수 있다.

    오늘날 강대국인 미국인들의 혈액형을 보면 O형 인구가 전체의 약 46%를 차지한다. 그 래서 그런지 옛날 선조들의 수렵형 성격을 닮아 육류를 좋아한다고 할 수 있다. 또한 수렵생활로 생존을 영위했던 인디언은 O형이 90% 이상이었다는 것만 보아도 먹는 것이 사람의 성격과 체질에도 영향을 미친다는 것을 알 수 있다.

외국 중에서도 우리처럼 A형이 압도적으로 많은 나라는 독일(약 42%)과 일본(38.1%), 중국(27%), 그리고 영국 순이다. 독일인들의 식습관을 보면 식탁에서부터 생명의 존엄성을 길들이고 자연스러운 먹을거리로 자녀를 교육한다. 독일의 "발도로프"대안 학교는 아이의 체질과 기질 별로 예체능 교육과 급식을 하고 농사를 체험하게 하고 작은 집도 지어보는 다각도의 전인교육에 중점을 두고 있다.

일본이 세계적인 장수국으로 성장하게 된 것도 식문화의 주도를 물고기로 대체했으며, 적게 먹자는 소식주의가 사회적인 주류를 이루었기 때문이다. 이러한 사회적인 의식은 자연스럽게 아이들에게도 밥상머리에서 교육이 이루어졌으며, 장수국을 이어가게 하는 원동력이 되고 있다.

요즘의 아이들이 참을성이 부족하고 성격이 신경질적으로 변해서 심하면 폭력성이 높아진다고들 한다. 이렇게 아이들의 성격이 변해가는 이유로 확신할 수는 없지만 많은 사람들은 인스턴트 음식의 피해로 생각하고 있다. 앞의 예에서도 보았듯이 재소자들이 인스턴트 음식만을 먹게 되면 재범률이 높다는 연구결과를 보아도 인스턴트가 아이들 성격 형성에 좋지 못한 것으로 생각할 수 있다.

따라서 아이들이 어릴 때부터 바른 먹거리를 먹도록 하는 밥상머리 교육은 교육으로서의 가치 그 이상의 것으로 한 사람의 인생 전체를 좌우하는 중요한 변수가 된다는 것을 알 수 있다.

13 바른 식습관 형성

국어사전을 찾아보면 습여성성(習與性成)이라는 말이 있다. 그 말의 뜻은 습관이 오래되면 마침내 천성이 된다!는 뜻이다. 즉 어릴 때부터 갖는 식습관은 평생을 좌우하며, 결국에는 사람을 죽게도 알 수 있고 살게도 할 수 있음을 반듯이 기억해야 할 것이다.

따라서 좋은 음식을 여러 가지 많이 먹는 것이 중요한 것이 아니라 밥 한 공기, 김치 한 가지만이라도 정성스럽게 감사한 마음으로 먹는 마음자세가 중요하다. 아무리 소박한 음식이라도 행복하고 즐거운 마음으로 먹는 습관을 기른다면 우리의 건강에 좋은 영향을 미치겠지만, 아무리 맛있는 음식도 즐겁지 않고 맛없게 먹는 습관을 기른다면 나쁜 영향을 미치고 결국에는 우리의 건강을 해치게 된다는 것을 알아야 한다.

식사 때마다 아동과 전쟁을 치르는 엄마들이 많다. 엄마는 밥을 먹이려고 하나 아동은 밥을 먹지 않으려 하기 때문이다. 밥투정은 아동들이 먹고 싶은 것이 다르거나 편식 때문에 이루어지는 경우가 많다. 예를 들어 밥보다는 과자나 프라이드치킨을 먹고 싶을 때, 아동이 먹고 싶은 반찬이 없으면 밥을 안 먹는 경우를 말한다. 밥투정은 병적인 것이라기보다는 아동 발달상 자연스러운 현상이지만 부모에게는 큰 스트레스가 된다. 부모는 아동들이 밥투정 때문에 밥을 먹지 않으려고 하면 아동의 건강이 문제가 되어 아동의 요구에 쉽게 따르게 된다.

식생활 습관은 어릴 때 형성되며 따라서 이 시기의 식품에 대한 경험은 식품에 대한 기호 및 식습관을 결정하는데 중요하고 일생 동안의 영양 상태를 결정하는 중요한 요인이 된다. 여기서 말하는 것은 건강하게 살기 위해서는 식습관이 그만큼 중요하다는 것이다.

아동기에 편식의 원인으로 인한 불균형한 영양 섭취로 인해 성인이 돼서까지도 큰 영향을 미치게 되는데, 그중 한 예로 편식으로 인한 칼슘과 인의 섭취가 부족하면 뼈의 건강에 나쁜 영향을 미치게 된다. 왜냐하면 칼슘과 인은 뼈와 이를 건강하게 만들고 유지시키기 때문이다. 아동기에 칼슘을 충분히 섭취해 두어야 뼈의 무게나 강도가 높아져 건강한 뼈를 유지할 수 있고, 건강한 뼈는 키 성장에 영향을 주는 환경요인 중 가장 많은 비중을 차지하며 이외에도 건강에 미치는 영향은 의외로 굉장히 크다.

　아동이 성장함에 따라 유아기 때와는 달리 독립적인 의사결정을 하고, 스스로 식단과 식품을 선택하게 되는데, 이때 잘못된 식품선택이 성인이 되었을 때 식습관에 커다란 영향을 미친다. 따라서 건강에 해로운 식습관이 형성되는 것을 예방하기 위해서 부모는 아동들에게 정확한 영양에 대한 정보를 제공하여야 하며, 부모 스스로가 모범적인 모델이 되어야 한다.

　푸드 테라피 활동을 통해서 특정 음식 재료나 음식 종류에 대한 아동의 편견을 교정 시킬 수 있다. 푸드 테라피 활동을 통해 모든 요리 재료가 우리의 건강에 필요하다는 생각을 갖게 하여 올바른 식습관 형성을 통해 편식 습관을 개선할 수 있다.

14 영양에 대한 기초 지식 습득

　사람의 전 생애에 있어서 유아기부터 아동기가 신체적으로 성장이 가장 크게 이루어지는 시기이며, 또한 신체적인 발달뿐 아니라 정서적인 발달 역시 크게 이루어지는 시기이다. 그러므로 신체적인 발달과 정서적인 발달이 정상적으로 성장이 이루어지려면 충분한 영양이 공급되어야 하고 그 영양은 음식 섭취를 통해서 이루어지게 된다. 그뿐만 아니라 이 시기를 거치면서 아이들의 식사는 성인이 먹는 형태로 자리 잡게 되고 이때 형성된 아이들의 식습관은 청소년기는 물론 성인이 되어서까지 그대로 유지하게 되므로 바른 식생활의 지도가 필요한 시기이다.

　이 시기의 아이들이 섭취해야 할 영양소는 어른과 크게 다를 것이 없다. 5대 영양소라 할 수 있는 단백질, 칼슘과 유제품, 무기질과 비타민, 당질, 지방이 모두 필요하다.

　아이들에게 식습관 지도를 통해 음식에 들어 있는 영양소와 그 중요성을 학습시킬 수 있다. 또한 편식이 건강에 미치는 나쁜 영향을 아이들에게 가르쳐 줌으로써 5대 영양소 섭취의 중요성과 그 영양소가 들어간 음식에 대하여 알 수가 있고, 아동 스스로가 편식하는 습관을 고칠 수 있도록 할 수 있다.

제7장

식품의 영양

01 성장기에 필요한 영양소

    열심히 뛰어노는 아이들은 체표 면적당 대사가 활발하여 물리적으로 성인과 똑같이 움직인다 하더라도 기초 대사량이 성인보다 높다. 성장 발육이 왕성하고 활동량이 많아 열량도 많이 필요하므로 이를 보충하기 위해서는 식사의 양과 함께 질도 충분히 고려되어야 한다. 성장 발육이 왕성하고 활동량이 많아 열량도 많이 필요하므로 이를 보충하기 위해서는 식사의 양과 함께 질도 충분히 고려되어야 하고 그 나이에 맞는 열량과 영양소의 양이 충족되어야 한다. 하지만 아동들마다 개인차가 있으므로 표준 수치에 반드시 구애받을 필요는 없다. 다음에 소개하는 5대 영양소는 아동들의 생명을 유지시키고 성장하는 데 반드시 필요한 영양소이다. 이중 탄수화물, 단백질, 지방은 신체의 에너지원으로 활용된다. 그 외에 미네랄, 비타민, 물은 신체의 신진대사를 돕는 영양소들이다.

    유아기가 전 생애에 있어서 가장 큰 신체적인 성장이 이루어지는 시기이며, 또한 신체적인 발달뿐 아니라 정서적인 발달 역시 크게 이루어지는 시기이다. 그러므로 신체적인 발달과 정서적인 발달이 정상적으로 이루어지려면 충분한 영양이 공급되어야 하고 그 영양은 음식 섭취를 통해서 이루어지게 된다. 그뿐만 아니라 이 시기를 거치면서 아이들의 식사는 성인이 먹는 형태로 자리 잡게 되고 이때 형성된 아이들의 식습관은 청소년기는 물론 성인이 되어서까지 그대로 유지하게 되므로 바른 식생활의 지도가 필요한 시기이다.

    이 시기의 아이들이 섭취해야 할 영양소는 어른과 크게 다를 것이 없다. 5대 영양소라 할 수 있는 단백질, 칼슘과 유제품, 무기질과 비타민, 당질, 지방이 모두 필요하다. 하지만 신체적인 성장이 왕성한 시기이므로 특히 단백질과 무기질이 충분한 섭취가 좀 더 강조되고 있다.

    몸에서 칼로리를 내주는 열량소로는 당질 식품과 지방 식품이 있다. 그 외 단백질도 우리 몸에서 에너지를 내주는 역할을 하지만 단백질은 근육을 구성하는 더 중요한 역할을 하는 영양소이므로 그 역할을 하고 남은 경우, 에너지를 내주는 역할을 도와줄 수 있도록 하는 것이 좋다. 구성소로서의 역할은 단백질 이외에 다른 어떤 영양소도 대신해줄 수가 없기 때문이다. 그러므로 단백질이 구성소로서의 역할을 충실하게 하기 위해서는 열량소로 사용될 만큼 충분한 양의 당질과 지방의 섭취가 있어야 하고, 그 양이 불충분하게 되면 단백질은 구성소의 역할을 하기에 앞서 열량소로서의 역할을 할 수밖에 없게 되어 성장에 장애를 가져올 수 있으므로 식단을 짤 때 가장 유의하여야 할 영양소라 할 수 있다.

아이들의 신체가 크게 성장하면서 몸을 구성하는 영양소의 공급은 성장에 직접적인 영향을 끼치게 된다. 그래서 앞에서도 언급한 단백질의 섭취는 자라나는 아이들을 위해서 가장 중요한 영양소이다. 아이들의 근육을 구성하는 중요한 역할을 할 뿐만 아니라 질병에 대한 저항력을 갖게 하는 면역체도 또 우리 몸을 순조롭게 조절해 주는 호르몬도 모두 단백질로 구성이 되어있기 때문이다. 그 외 또 다른 구성소라 할 수 있는 칼슘이나 철분 등을 비롯한 무기질 성분 역시 자라나는 아이들의 뼈나 피를 구성하는 중요한 역할을 하므로 절대 소홀할 수 없는 영양소라 할 수 있다. 무기질 성분은 구성소로서의 역할 이 외에도 먹은 음식의 대사와 신경의 전달이라든지 체액의 유지 등, 적은 양이지만 우리 몸을 조절하여 순조롭게 모든 기관이 제 역할을 할 수 있도록 도와주는 중요한 역할을 하게 된다.

그리고 마지막으로 비타민이 있다. 비타민은 아주 적은 극미량이 필요하지만 섭취가 안되거나 부족할 경우 몸에서 나타나는 결핍증은 결코 무시할 수 없다. 예를 들면 야맹증이라든지 각기병, 괴혈병이나 구루병 등의 비타민 결핍증은 실제 의외로 빈번하게 나타나는 질병이기 때문이다. 그러므로 수용성 비타민의 경우는 매일매일 모자라지 않도록 보충을 해주어야 하고 지용성 비타민의 경우에도 우리 몸에서 필요로 하는 양만큼은 부족하지 않도록 신경을 써주어야 한다. 수용성 비타민은 그날 필요한 양보다 많은 양이 섭취되면 그대로 소변을 통해 빠져나가게 되므로 매일매일 섭취를 해주지 않으면 안 된다. 그러나 지용성 비타민의 경우는 몸속에서 축적이 가능해 많은 양을 섭취한 경우 저장이 되어 있다가 필요할 때 사용이 가능하다.

02 식품 구성 자전거

성장기에 필요한 영양소를 알기 위해서는 보건복지부와 한국영양협회에서 만든 식품 구성 자전거를 이해해야 한다. 식품 구성 자전거는 식품군의 권장 섭취 횟수와 분량에 따른 자전거 바퀴의 면적을 배분하여 나타냄으로 균형 잡힌 식사의 중요성과 규칙적인 운동으로 건강을 지켜나갈 수 있다는 것을 표현한 표이다.

식품구성자전거 / 자료출처 : 보건복지부 · 한국영양학회, 2015 한국인 영양소 섭취기준

앞바퀴의 물컵은 수분 섭취의 중요성을 나타냈으며 균형 잡힌 식사와 함께 적절한 운동을 통한 비만 예방을 강조하였다.

1) 곡류

식품 구성 자전거에서 가장 큰 비중을 차지하고 있는 식품군으로써 주식으로 많이 섭취되며, 에너지를 공급하기 위한 식품군이다. 곡류에는 밥류(쌀, 보리쌀), 면류(국수, 라면), 빵류, 떡류, 과자류, 감자류(감자, 고구마), 밤, 시리얼 등이 있다.

2) 고기, 생선, 달걀, 콩류

반찬으로 많이 섭취되는 동물성 식품군으로 근육과 골격 발달에 중요한 기능을 하므로, 특히 성장기 어린이나 청소년은 충분히 섭취해야 하는 식품군이다. 해당 식품은 육류(쇠고기, 돼지고기, 닭고기, 햄 등), 생선류(고등어, 조기, 오징어, 멸치, 새우, 모시조개 등), 알류(달걀, 메추리알 등), 콩류(대두, 두부, 된장, 두유 등), 견과류(땅콩, 깨, 호두 등)이 있다.

3) 채소류, 과일류

우리나라 국민의 식사에서 양적으로 많이 섭취되고 있는 식물성 식품군으로 비타민, 무기질 등이 풍부, 특히 아스코르브산, 카로틴, 식이섬유가 풍부하다. 해당 식품에는 채소류(시금치, 오이, 고추, 당근, 무, 배추 등), 해조류(김, 미역, 다시마 등), 버섯류(표고버섯, 느타리버섯, 양송이버섯, 팽이버섯 등)이 있다.

4) 과일류

디저트, 또는 간식으로 섭취되는 식품군으로 주요 영양소는 비타민, 무기질, 당분 등이다. 해당 식품에는 딸기, 수박, 포도, 참외, 복숭아, 사과, 배, 귤, 과일 주스 등이 있다.

5) 우유, 유제품류

섭취량은 적지만, 칼슘 섭취가 부족한 우리나라 사람들에게 매우 중요한 식품군으로 칼슘의 급원이며, 단백질, 리보플래빈, 비타민 A/D 등도 함유되어 있다. 해당 식품에는 우유, 치즈, 요구르트, 아이스크림 등이 있다.

6) 유지, 당류

조리할 때 필요한 것을 제외하고 적게 섭취하는 것이 좋은 식품군으로 지방이 풍부한 농축된 에너지원으로 곡류에 비해 적은 양으로도 많은 에너지를 얻을 수 있기에 과다 섭취하면 비만의 원인일 될 수 있으므로 주의하는 것이 좋다. 해당 식품에는 유지류(식용유, 올리브유, 참기름, 버터, 마요네즈 등), 당류(설탕, 꿀, 탄산음료, 초콜릿, 사탕 등)이 있다.

03 두뇌활동을 활발하게 해 주는 탄수화물

요즘에 많은 식이요법 전문가들이 탄수화물과 당분을 많이 먹으면 큰일 날 독물로 취급해서 빵이나 밥을 먹지 말라고 하는 이야기를 듣는데 이 말은 선무당이 사람 잡는다는 말과 같다. 탄수화물은 우리 인체에 절대적으로 필요한 단백질, 지방질과 함께 3대 영양소로 우리 몸에 꼭 필요한 영양소 중 하나이다.

탄수화물의 대표라고 할 수 있는 쌀은 인간의 영양섭취에서 가장 기본이 되는 것으로 우리나라뿐 아니라 동양인이면 누구나 다 주식으로 먹는 보리, 밀, 감자, 고구마 등 모두가 탄수화물이고 당분이니 우리가 독물만 먹고 살아온 인종일 수는 없다. 그러므로 탄수화물이나 당분은 독이 아니고 우리 몸에 없으면 하루도 살 수 없는 인간에게 가장 중요한 영양소 중의 하나라고 할 수 있다. 특히 뇌세포의 유일한 영양소는 당분뿐이라는 것을 알아야 한다.

옛날 말에 '밥이 보약이다.'라는 말이 있다. 그만큼 탄수화물은 에너지 공급원으로써 우리 신체의 활동을 위해서 에너지가 끊임없이 요구된다. 중추신경계는 에너지 급원으로 오직 포도당만을 사용하므로 중추신경계의 원활한 작용을 위해서는 탄수화물은 꼭 있어야 하고 지방도 에너지 급원으로 쓰여 지지만 이때에도 탄수화물이 필요하다.

탄수화물의 기능은 인체의 에너지 공급원으로서 역할을 하며, 단백질 절약작용, 지질대사 조절, 혈당 유지, 섬유소의 공급과 장내 운동성을 가지고 있으며, 신체 구성 성분으로서 역할을 하고 있다. 그리고 식이 섬유소는 장운동을 활발하게 하여 변비를 예방한다. 그리고 부족하게 섭취하면 체 단백질이나 에너지로 이용된다. 체 단백질이란 몸에 있는 단백질로, 단백질 결핍증을 예방해 준다. 대표적인 식품으로는 쌀, 보리, 밀, 감자, 고구마 등과 같은 곡물 식품에 풍부하게 들어 있으며 과일과 주스, 채소에도 들어 있으며, 소량이지만 우유제품과 콩 제품에도 들어 있다.

탄수화물은 동식물계에 널리 분포하는데, 생물체 내에서의 기능은 생물체의 구성 성분인 것과 활동의 에너지원이 되는 것으로 크게 나눌 수 있다.

에너지원으로서의 탄수화물은 지질·단백질과 함께 생물체에서 중요한 비중을 차지한다. 녹색식물은 탄소동화작용에 의해서 물과 공기 속의 이산화탄소로부터 글루코오스를 합성하여, 이것을 녹말로서 저장한다. 동물은 자신이 탄수화물을 합성하지 못하므로 이것을 식물에서 섭취하여 글리코겐으로써 간에 저장한다. 식품성분표에서 볼 수 있는 탄수화물은 당질과 섬유를 합쳐서 부른 것이다. 특히 마라톤에서는 탄수화물이 혈액 속에 녹아 들어가 직접적인 에너지로 사용하는데 빠르게 반응하기에 즉, 에너지의 가장 작은 단위인 글루코오스로 전환하는 시간이 지방이나 단백질에 비교해 볼 때 짧기 때문에 아주 요긴하게 사용된다. 사용하고 남은 글루코오스는 근육과 간에 글리코겐

형태로 저장할 수 있으며 그것은 다시 근육을 움직이는데 주요 연료가 된다.

인간의 생명을 유지하고 운동을 포함, 원활한 신체활동을 위하여 하루에 섭취하는 에너지(칼로리)의 55~60%는 탄수화물로부터 얻는 것이 합리적으로 체중 1kg당 4~5g 정도이다. 체내에서 포도당으로 변하여 활동하거나 대사 작용을 하는 데 쓰고 남은 포도당은 간과 근육에 저장되고 또 체지방에 저장되기도 한다.

우리나라 사람들은 곡류가 주식이기 때문에 탄수화물 결핍을 걱정할 필요는 없다. 탄수화물은 우리 몸을 움직이게 하는 기본 영양소의 대표적인 요소이다. 무엇이든 마찬가지겠지만 탄수화물의 경우에도 한 가지 곡물보다는 다양한 곡물을 섭취하는 것이 좋으며, 과일과 채소를 충분히 먹는 것도 잊지 말아야 하겠다.

백색의 도정한 곡물보다는 가능하면 도정을 덜한 현미나 잡곡은 혈당조절에도 좋고, 장 기능을 원활하게 하여 변비 예방에 좋다. 또한, 글리코겐의 과도 저장 기능으로 인한 지방으로 변환되어 저장되는 것을 예방하는 데 도움이 된다.

사탕이나 단 음식에 있는 단순한 탄수화물이 아닌 과일이나 채소 등에 들어있는 복합탄수화물을 섭취하도록 해주는 것이 좋다. 복합탄수화물은 활동하는데 필요한 빠른 에너지를 공급해 주는데, 두뇌는 고단위 에너지 사용자이므로 두뇌의 기능을 원활하게 하기 위해서는 복합탄수화물이 필요하다.

하지만 탄수화물을 필요 이상으로 많이 섭취하게 되면 에너지 섭취의 과잉으로 인한 비만증을 초래한다. 또한 탄수화물대사에 필요한 비타민 B 군의 필요량이 증가하게 되어 비타민

B 군의 부족을 가져오기 쉽다. 게다가 상대적으로 단백질의 섭취량이 작아져서 필수 아미노산의 결핍이 일어날 수 있다. 그밖에 지방 조직에 많은 지방을 저장 비대증을 유발하여 다른 주요 영양소의 부족 현상이 일어난다.

또한 탄수화물의 섭취가 부족하게 되면 탄수화물 대신 지방이 연소하여 에너지 공급원으로 쓰이는데, 이때 지방이 불완전 연소를 하여 케톤혈증(ketosis)을 일으킨다. 그리고 계속해서 지방이 연소되다가 부족하게 되면 단백질이 연소하게 되어 단백질 본래의 기능을 할 수 없게 된다. 그밖에 혈액 내 포도당이 수준 이하로 내려가서 저혈당 증세로 어지러움, 두통, 근육 무기력 등이 있다.

그 밖의 질병에 당뇨병이 있는데 당뇨병은 비정상적인 당질 대사로 인한 질병 및 건강 문제 중 가장 잘 알려진 병이다. 당뇨병의 원인은 확실히 밝혀진 것은 아니나 췌장의 β(베타) 세포에서 만들어지는 인슐린(insulin)의 부족과 인슐린 작용에 대한 말초 조직의 저항성 때문에 발생한다고 할 수 있다. 인슐린이 부족하면 혈액 내의 영양소가 조직 속으로 들어갈 수 없어 여러 대사성 질환이 발생하게 된다. 당뇨병은 인슐린 의존성 당뇨병, 인슐린 비의존성 당뇨병과 임신성 당뇨병으로 분류된다.

04 힘을 주는 단백질

우리 몸이 탄력 있고 멋진 몸매를 갖고 싶다면, 그리고 건강하고 활기 있는 얼굴과 윤기나는 머릿결, 핑크빛의 건강한 손, 발톱을 원한다면 양질의 단백질을 먹어야 한다. 일반적으로 양질의 단백질은 필수 아미노산을 충분히 가지고 있어 체내에서 단백질 합성 효율이 높은 동물성 단백질을 말한다.

우리 몸의 근육 세포에는 물이 60~70%로 가장 많이 들어 있고, 다음으로 단백질이 20% 함유되어 있다. 물을 제외한 영양소 중에서 단백질이 가장 많은 부분을 차지하고 있으므로, 근육이 잘 발달하고 균형이 잘 잡힌 멋진 몸매를 원한다면 양질의 단백질을 먹어야 한다. 왜냐하면 체지방이 많은 사람은 뚱뚱해 보이지만 근육이 잘 발달한 사람은 훨씬 날씬해 보이기 때문이다. 단백질은 근육 외에도 피부, 힘줄, 뼈, 각종 기관 등에 구성 성분으로 들어 있고 손톱, 발톱, 머리카락 등도 단백질로 구성되어 있다. 퍼석 퍼석한 머리카락에 헤어 전용 영양제를 바르는 것보다는 머리카락 자체의 영양 상태를 좋게 하기 위하여 양질의 단백질을 섭취하는 것이 좋다.

또한 적당한 양의 양질의 단백질을 섭취하면 병원균에 대한 인체의 저항력이 증가한다. 우리 몸의 항체는 단백질로부터 만들어지기 때문에, 면역 작용이 활발히 이루어져 질병을 예방하려면 단백질을 섭취해야 한다.

우리 아이가 키가 잘 크기를 원한다면 양질의 단백질을 섭취하면 좋다. 성장기 때 단백질이 부족하면 성장이 지연되고 질병에 감염되기가 쉽다. 만약 단백질이 부족하면 혈액 내에 단백질인 알부민 수치가 낮아지고, 얼굴, 배, 팔, 다리 등 몸 전체에 부종이 나타나 피부에 탄력과 윤기가 없어지고 생기가 없어진다.

또한 두뇌작용을 원활하게 하고, 두뇌세포가 젊고 활기에 차게 하려면 끊임없이 생기는 뇌의 노폐물을 제거해야 한다. 이러한 구실을 도와주는 것이 바로 단백질이다. 특히 곡류에 들어있는 단백질이 좋다.

특히 영아기 때 단백질 공급을 충분하게 해 주지 않으면 뇌세포의 수가 감소하고 세포의 크기도 자라지 않는다. 그만큼 단백질의 적절한 공급은 중요하다. 단백질은 약 20여 종의 아미노산으로 이루어져 있는데 아이가 아미노산을 골고루 섭취할 수 있도록 동물성과 식물성 두 종류의 단백질을 모두 준비해야 한다. 그리고 몸의 에너지와 스테미너를 증진시켜 체력을 강하게 하는 영양소도 주로 단백질이 맡기 때문에 속이 든든하고 집중력 있는 아이로 키우려면 단백질 메뉴가 절대적으로 필요하다. 단백질 섭취로 체력을 튼튼하게 해주는 것이 공부를 잘하는 아이를 만들어주는 지름길이라고 볼 수 있다.

우리 몸에 반드시 필요한 단백질이지만 그렇다고 지나치게 많이 먹는 것을 권장하지는 않는다. 과잉의 단백질은 에너지원으로 사용되는데, 이때 단백질에서 아미노기가 떨어져 나와 암모니아가 된다. 이 암모니아는 요소가 되어 신장을 통해 배설되는데 이 요소의 양이 많으면 신장에 부담을 주어 신장병의 원인이 될 수 있다. 또 단백질의 과잉 섭취는 칼슘의 배설을 촉진하여 골다공증을 유발할 수 있다. 육류를 다량으로 섭취하고 야채를 적게 섭취하는 식습관을 가진 사람은 식이 섬유소의 섭취가 부족하여 결장암의 빈도가 높게 나타날 수 있다. 양질의 단백질을 함유한 동물성 식품은 단백질과 함께 지방이 많이 들어 있어 맛이 좋아 신경을 쓰지 않으면 육류를 선호하여 빈번히 많은 양의 육류를 섭취할 가능성이 높아진다. 지방이 많은 육류를 많이 섭취하게 되면 비만이 되기 쉽고 심장 순환계 질환 및 암 발생을 높일 수 있다. 경제적으로도 비싼 값을 지불해야 하는 육류는 자주 많은 양 섭취하기보다는 필요한 양만큼만 섭취하는 것이 좋다.

단백질 결핍 시 혈액 중 단백질 양이 감소되어 저단백 혈증을 유발하는데, 성장기의 경우 성장발육 부진, 성인의 경우 체중 감소, 소화기관 내장기관의 기능저하 및 두통 신경통을 초래하며 장기간 섭취 부족 시 근육쇠약, 저항력 감소, 부종, 빈혈, 피로가 온다.

질병으로는 콰시오커 증세가 있는데, 전 세계적으로 저개발 국가에서 흔히 볼 수 있는 단백질 결핍증으로 이유기의 어린아이가 에너지만 겨우 섭취하고 단백질이 상당히 부족한 상태일 때 걸리는 병으로 부종 증세가 나타난다. 또한 마라스 무스 증세가 있는데, 마라스 무스는 그리스어로 '소모하다'라는 뜻이며 아프리카에서 이유기와 유아기에 식량 부족으로 잘 걸리며 에너지와 단백질이 모두 부족한 기아 상태일 때 나타나며 체지방이 거의 없고 피골이 상접해 보이고 힘도 없다.

05 두뇌를 좋게 해주는 DHA

'천재는 99%의 노력과 1%의 영감으로 이루어진다'라는 말이 있다. 이 말은 똑똑한 사람은 선천적으로 타고나는 것도 중요하지만 후천적으로 얼마만큼의 노력을 하느냐에 따라서 모든 것이 달라질 수 있다는 뜻인데, 우리 아이들의 성장에 있어서도 유전적인 요인보다는 얼마만큼 필요한 영양을 고루 섭취하느냐에 따라서 성장하는데 많은 것이 달라질 수 있다. 특히 뇌의 발달은 태아 때부터 음식을 어떻게 섭취하느냐에 따라서 뇌기능도 달라지고 뇌 발달에도 많은 영향을 미친다. 그리고 태어나서도 식습관을 어떻게 들이느냐에 따라서, 똑똑한 아이로 성장할 수 있는 것이다.

요즘에 시중에 나와 있는 식품 중 아이들이 먹는 우유나, 과자, 치즈, 음료수 등에 'DHA 성분 함유'라는 말이 안 들어간 제품이 없을 정도로 요즘 엄마들에게 가장 민감하게 작용하는 것이 바로 '우리 아이의 머리를 똑똑하게 키우느냐'라는 것이 최대 관심사이다. 그래서 아이의 두뇌 발달을 위해서 엄마들은 돈과 시간과 노력을 아끼지 않는다. 특히 아이를 키우는데 가장 기본이자 민감한 먹거리를 선택하는 데 있어서도 신중하게 생각되는 부분이다. DHA는 뇌세포를 구성하는 성분으로 두뇌가 갖는 본래의 기능을 정상화시킨다. 따라서 DHA를 많이 섭취하면 뇌의 작용이 원활해져 두뇌발달에 도움이 되고, 기억이나 학습능력을 좋게 하는 효과가 있다.

DHA는 고등어, 꽁치 등 등 푸른 생선에 많이 들어 있고, 참치나 삼치 등에서도 섭취할 수 있다. DHA는 등 푸른 생선에 많이 포함되어 있는 불포화산 지방산으로 체내에서 충분히 합성되지 않아 음식물을 통하여 섭취 가능하며 혈중 콜레스테롤 개선 및 원활한 혈행 개선에 도움이 된다. 혈행 개선에 유용한 것은 생선류에 함유되어 있는 DHA, EPA 함유량이 높기 때문이다.

오메가-3 지방산이란 고도불포화 지방산을 함유하는 유지 중 특히 대표적으로 DHA와 EPA를 함유하는 유지를 말한다.

DHA는 건강 유지에 중요한 지방산이며 신체 변화에 따르는 생리 활성물질의 생성을 원활히 하고 두뇌 구성 성분 및 콜레스테롤, 혈행 개선에 도움이 되는 건강보조식품이다. 그래서 생선을 먹으면 머리가 좋아지는 것이다.

DHA는 태아가 유아로 성장하는 과정에서 안구 및 시신경의 세포를 보호하고 신경 전달을 원활하게 하여 시신경의 발달에 적극적으로 기여한다. DHA가 유아기의 중추신경 및 뇌신경 발달에 매우 중요한 역할을 한다. 생선 기름이 치명적인 부정맥 위험을 감소시켜 심장마비의 재발을 크게 줄인다. 이렇게 DHA는 아동의 뇌 발달과 기능 향상을 위해 중요한 역할을 한다. 우리 아이가 똑똑하고 공부 잘하는 아이로 만들고 싶다면, DHA가 많이 들어 있는 음식을 섭취하도록 해야 한다.

06 뇌세포를 활성화시키는 레시틴

우리는 흔히 레시틴 하면 계란 노른자에 들어 있는 단백질 성분으로 천연 유화 성분 정도로 인식하고 있는 것이 대부분이다. 레시틴은 계란 노른자에 많이 포함되어 있지만 곡물의 씨눈이나 콩에도 풍부하다. 콩 속의 레시틴은 생리적 기능이 난황보다 월등히 높고 경제적이다. 그래서 오늘날 레시틴은 대부분 콩에서 추출하여 사용한다. 하지만 콩으로 만든 대두유에 레시틴이 함유되어 있으면 기름이 끈끈해지므로 영양 가치에 관계없이 제거된다. 따라서 공업용으로 대량 생산된 콩기름에는 레시틴이 전혀 없고 또한 곡물의 씨눈은 떼어버리고 식품을 만들기 때문에 레시틴의 섭취 기회는 아주 적다. 이렇게 현대인들은 레시틴이 부족되기 쉬우므로 그 섭취에 신경을 써야 한다. 레시틴이 풍부한 식품에는 난황, 생선이나 조류의 알, 대두, 간, 뇌, 효모, 땅콩, 생선, 장어, 해바라기씨, 참깨, 들깨, 호두, 잣, 호박씨 등이 있다.

레시틴의 역할 중 우리가 주목해야 할 것은 레시틴은 세포를 활성화하고 뇌 기능을 향상시킨다는 것이다. 레시틴 함유 식품을 두뇌 식품이라고 부를 정도로 레시틴은 뇌세포에 좋은 것으로 알려져 있다. 뇌의 기능을 좋게 하고, 기억력과 집중력을 증대시킨다. 레시틴은 뇌세포의 30%를 차지하는 물질이다. 정상적인 두뇌는 포도당을 이용하여 에너지를 얻는다. 그러나 스트레스 상황에서는 레시틴의 보유량이 현격히 줄어든다. 이것은 레시틴이 두뇌의 에너지 공급원으로도 이용되고 있음을 나타낸다.

레시틴은 신경 세포의 피로나 장애를 고치는 작용을 하고 있다. 따라서 레시틴이 부족하면 뇌에 피로가 축적되어 불안 초조해지고 스트레스가 생기기 쉽다. 그 외에도 일상생활에 있어서의 불안이나 불면, 성적 불능 등의 원인 중 하나가 뇌기능의 혹사에서 오는 레시틴 부족이다.

레시틴이 신경전달 물질을 만들어서 아세틸콜린을 만든다. 난황 ·콩기름 ·간 ·뇌 등에 다량 존재한다. 알코올 ·에테르에 용해되며 물과는 에멀션을 만든다. 가수분해하여 콜린 ·인산 ·글리세롤 ·지방산을 생성한다. 뱀독이나 세균독소에 함유되어 있는 이 효소에는 적혈구를 용혈 시키고 세포를 파괴하는 작용이 있다. 그 때문에 레시틴은 세포막 구성의 중요한 성분의 하나이다.

임산부의 양수에 레시틴 농도가 부족하면 태아는 사망하거나 모태 안에서 집중적으로 성장하는 뇌와 심장의 발육 부진으로 기형, 저능아를 출산할 확률인 높다. 레시틴은 태아의 정상적인 성장을 도와준다. 평소 혈액 순환이 나쁜 여성의 사산율이 높은 이유나 출산 후, 제일 많이 발생하는 손발 저림 및 혈액 순환 질병의 이유 역시 레시틴을 출산 때에 태아를 위해 희생했기 때문이다.

청소년에게 레시틴은 두뇌에서 수분을 제외하고 30%나 차지하며, 두뇌에 영양을 공급하는 물질로 뇌 기능(IQ, EQ) 향상에 도움을 준다. 세포의 신진대사의 문이라고 할 수 있는 세포막의 주성분인 레시틴은 성장을 도와준다. 똑똑하고 공부 잘하는 아이로 키우려면 어려서부터 레시틴을 잘 섭취할 수 있도록 도와야 한다.

07 열을 내는 지방

　우리 아이들이 간식으로 자주 먹는 바삭바삭한 튀김이나 과자가 맛있어 보이지만, 여기에는 바로 우리 아이들의 생명을 위협하는 트랜스 지방이 많이 들어 있음을 알아야 한다. 이렇게 트랜스 지방은 우리의 건강을 헤 치는 최대의 적이다. 그러므로 우리는 트랜스 지방이 다량 함유되어 있는 음식을 숙지하여 아이들에게 먹이지 않는 것이 최선이다. 마가린, 쇼트닝, 마요네즈 등의 식재료는 물론 이런 재료들을 이용해 만든 팝콘, 크루아상, 도넛, 피자, 과자, 쿠키, 감자튀김, 햄버거, 초콜릿 가공품 등도 트랜스지방 덩어리가 많기 때문에 자라나는 우리 아이들에게 되도록 자제하는 것이 좋다.

　요즘 아이들은 김치나 된장보다 햄버거와 피자의 맛을 좋아하기 때문에 어린이의 지방 섭취를 제한할 필요가 있다. 하지만 지방이 결핍되면 아이들은 정상적으로 성장하지 못한다. 뇌는 60%가 지방질로 되어 있기 때문에 지방이 결핍되면 뇌가 영양 부족 상태에 빠져 뇌 발달이 제대로 이루어지지 않기 때문이다.

　아동들은 총 열량의 25%를 지방에서 섭취해야 한다. 그렇기 때문에 질 좋은 필수 지방산을 먹여야 한다. 지방 섭취를 줄이기보다는 비타민, 미네랄 등이 풍부한 채소를 지방 식품과 함께 먹이고 견과류, 들기름, 등 푸른 생선 등 필수 지방산이 풍부한 식품을 위주로 먹여 콜레스테롤의 위험에서 빠지지 않게 해서 각종 성인병과 비만으로부터 아이들을 건강하고 튼튼하게 자라도록 보호해야 한다.

　지방은 우리의 내장기관을 보호하며, 체내에서 농축된 에너지를 공급해 주는 공급원이고, 머리를 맑게 해주는 기능을 하므로 우리가 생존하기 위해서 꼭 필요한 물질이다.

　원래 지방은 상온에서 고체 형태를 이루는 기름을 말하며 액체 상태인 기름과는 구별하지만, 본질적인 차이는 없다. 지방에는 소, 돼지기름 및 버터와 같은 동물성 지방과 마가린, 쇼트닝, 마요네즈와 같은 식물성 지방으로 나누어진다.

　동물성 지방은 포화지방으로 나쁜 콜레스테롤도 많고 우리 몸에 쌓여서 비만과 동맥 경화, 고지혈증 등을 일으키나, 식물성 지방은 불포화 지방으로 몸에 쌓이지 않고 우리 몸에 이롭다. 마찬가지로 생선 기름은 동물성 기름이지만 식물성처럼 몸에 좋다. 트랜스 지방은 왜 만들어지냐면, 액체 상태의 식물성 유지는 유통기간이 짧고 저장과 운반에 문제가 많다. 따라서 식물성 기름을 이동하기 편리하고, 보관이 쉽고, 좀 더 맛있게 만들기 위해 수소를 첨가해 식물성 기름을 고체화하는 과정에서 생기는 지방을 트랜스지방이라 한다. 결국 식물성 기름의 고체화는 식물성 기름을 버터처럼 맛있게 만들어보고자 노력하는 과정에서 발견된 것인데 수많은 연구와 실험의 결과, 식물성 기름이 버터처럼 고소한 풍미를 내기는 했지만 그것이 건강에는 치명적이니 이것은 마치 식물성 기름의 성형 부작용이라고 말할 수도 있겠다.

요즘에 우리 식생활에서 사용되는 지방에서 트랜스 지방이 문제화되고 있다. 건강에 해롭다는 동물성 기름을 피하기 위해 동물성 버터 대신 식물성 마가린을 찾는 사람이 많았다. 그러나 최근 '식물성 기름은 유해하지 않다'라는 종래의 학설이 부분적으로 깨지고 있다. 트랜스 지방 때문이다. 트랜스 지방이 들어간 모든 음식을 판매할 수 없도록 법안을 만들어 가는 것을 보면 문제가 많은가 보다.

지방의 종류를 보면 다음과 같다.

1) 포화 지방산(fat)

과거의 우리나라 식생활은 서양처럼 육식 위주의 식생활이 아니라 채식을 많이 섭취하는 문화여서 걱정할 정도의 포화 지방산의 섭취를 하지 않았다. 하지만 현대로 오면서 식생활 문화가 바뀌면서 인스턴트나 패스트푸드, 가공식품의 섭취가 늘어나면서 포화 지방의 문제점이 심각하게 우리의 건강과 생명을 위협하고 있다.

포화지방산은 인체에서도 어느 정도 필요한 지방이지만 트랜스지방처럼 백해무익한 것은 아니다. 그러나 과하게 섭취할 경우 트랜스지방과 마찬가지로 콜레스테롤의 수치를 높여 혈관질환을 일으킬 수 있고, 비만의 직접적인 요인이 되면서 여러 가지 성인병을 유발할 가능성이 커지기 때문에 더욱 주의해야 한다.

포화지방산은 쇠고기, 돼지고기, 닭고기, 우유, 버터, 치즈 등 주로 동물성 식품에 많이 함유되어 있으며 야자, 코코넛, 쇼트닝, 마가린 등 일부 식물성 식품에도 존재한다. 포화지방산은 지방으로서의 효율이 불포화지방산에 비하여 높고 체내 이용률도 높다. 그러나 포화지방은 동맥경화와 같은 혈관계 질환을 유발할 수 있다고 하여 한때 시장에서 유해 논란이 벌어졌던 지방으로 콜레스테롤의 수치가 높고 체지방의 증가를 가져오기도 하여 전 세계적으로 가급적 섭취를 줄이도록 권장하고 있다.

아동이 포화지방산을 많이 섭취하게 되면 학습 속도 저하, 뇌세포 둔화, 뇌세포막 불량, 파킨슨병의 발병률이 5배나 높아지고, 특히 태아 때부터 다량으로 포화지방을 섭취하게 되면 뉴런의 발육이 정지되어 저능아가 될 가능성이 매우 높다. 아이들의 건강을 위해서라도 가급적 포화지방산을 먹지 않도록 노력해야 하고, 그러기 위해서는 인스턴트, 패스트푸드, 가공식품의 섭취를 자제하고 채식 위주의 식사와 비타민과 미네랄 등의 섭취를 늘려야 한다.

2) 불포화 지방산 (oil)

불포화 지방산과 오메가-3 지방산과 같은 것은 심장을 보호하는 기능이 있다. 즉 혈액 내에 흡수가 되면 HDL 콜레스테롤 수치를 높이는데 이는 혈관을 깨끗하게 하고, 혈액 내 동맥경화를 촉진하는 물질을 간으로 이동시키는 역할을 한다.

우리는 음식이나 요리에 따라 버터 같은 것을 사용하게 되는데 최소한의 사용으로 제한해야 할 것이다. 최근에는 식용유 회사들이 올리브유를 시판하고 있고, 그리 비싸지도 않기 때문에 이용하는데 어려움도 줄어들었다. 단, 불포화지방산을 이용하여 요리를 한 경우에는 빠른 시간 내에 섭취해야 한다. 불포화지방산의 경우 산소와 결합하면 트랜스 지방을 만드는데 이는 오히려 더 나쁜 영향을 주기 때문이다.

올리브유, 콩기름 등 식물성 기름이라도 상온에 뚜껑을 열어두었거나 햇빛이 많은 곳에 두면 트랜스 지방으로 변질될 수 있으니 주의해야 한다. 튀김기름을 몇 번씩 사용하면 트랜스 지방이 과다하게 발생하므로 한 번 사용한 기름은 아깝더라도 버리는 것이 좋고, 생선이나 고기, 감자 등을 먹을 때는 되도록 기름에 튀기거나 기름을 두른 팬에 굽기보다는, 기름이 전혀 필요 없는 오븐이나 그릴에 굽는 조리법을 선택하도록 한다.

과자 중에서도 팜유 등 식물성 기름으로 튀기는 스낵류는 괜찮다. 그러나 고체 기름이 들어가는 비스킷, 초콜릿, 쿠키, 케이크는 좋지 않다. 과자류의 모양을 예쁘게 만들고 기름진 맛을 낼 수 있게 하기 위해 대부분 업체들이 고체 기름을 사용하게 된다.

전자레인지에서 조리하는 즉석 팝콘은 고체 기름으로 일단 튀긴 것이어서 좋지 않다. 트랜스 지방이 적은 팝콘을 먹고 싶다면 식물성 기름으로 튀겨 먹는 것이 좋다. 닭튀김은 예전에는 쇼트닝으로 해서 트랜스 지방이 많은 음식으로 대표적이었지만 점점 액체 기름으로 바꾸어 가면서 트랜스 지방 안전지대로 바뀌고 있다. 식품의약품안전청이 시중에 파는 닭튀김을 수거해 분석한 결과 과거 고체 기름을 이용하던 업체가 대부분 액체 기름으로 바꾼 것으로 확인됐기 때문이다.

불포화지방은 식물성 식품과 생선류 등에 다량으로 함유되어 있는데, 고등어, 참치, 연어 같은 등 푸른 생선에 많이 들어 있는 오메가-3지방산과 콩, 참깨, 들깨, 옥수수 등에 많이 들어 있는 식물성 오메가-6 지방산을 함유하고 있다. 오메가-3 와 오메가-6 지방산은 체내에서 합성되지 않고 반드시 식품의 섭취를 통하여 공급받아야 하는 영양소이기에 필수 지방산이라고 한다. 필수지방산은 대두유(조지방), 옥수수유, 땅콩 등 천연 식물 기름에 많이 들어있다. 식탁에 올리는 우리 아이들이 먹는 음식은 채식을 하되 지방은 견과류를 통하여 섭취하는 것이 좋다. 왜냐하면 식물성 지방을 너무 섭취하지 않으면 뇌세포 형성에 타격을 주어 아이의 성격이 까다롭고 예민해진다.

3) EPA, DHA

불포화 지방산인 오메가-3의 지방산은, 최근 생리적 작용에 많은 관심이 집중되고 있는 EPA, DHA는 등 푸른 생선과 대두유(조지방)에 많이 함유되어 있다. EPA, DHA는 동맥경화 유발 인자인 저밀도 저단백 콜레스테롤의 수치는 낮추고, 동맥경화 예방인자인 고밀도 저단백 콜레스테롤의 수치는 높여주는 것으로 알려져 있다.

4) 콜레스테롤(Cholesterol)

요즘에 건강검진을 해보면 고지혈증(高脂血症)이라고 결과가 나오는 사람들이 늘고 있다. 대부분 옛날보다 먹거리가 풍부해서 영양이 너무 과다해서 생기는 증상인데, 육류섭취가 늘고 운동은 부족하다보니 자꾸 혈액 안에 콜레스테롤이 늘어난다.

콜레스테롤이 적당히 우리 몸에 있어야 우리 몸을 구성하는 세포를 만들고, 호르몬도 만들지만 너무 많은 콜레스테롤은 혈관에 죽처럼 달라붙어 혈관을 막기도 하고 혈전 때문에 심근경색이나 뇌경색 등 치명적인 질환의 주범이 된다. 우리 몸에 콜레스테롤이 많으면 당장 어떤 증세가 없더라도 동맥경화증이나 심근경색 등 치명적인 병으로 진행되기 때문에 각별히 신경 써야 할 문제이다.

콜레스테롤은 트랜스 지방과 더불어 우리 건강에 위협을 가하는 지방 중에 하나이다. 유도지방의 일종인 콜레스테롤은 동물성 지방에만 존재하며, 식품 중에는 계란 노른자에 다량 함유되어 있으며 붉은색 고기, 오징어, 굴, 새우, 아이스크림, 치즈, 버터, 우유와 같은 낙농제품에 많이 있다. 인체는 외부 식품의 섭취를 통하지 않고도 인체 내에서 하루 필요한 콜레스테롤이 저절로 생겨나며 동물성 지방을 많이 섭취하면 인체 내에서 콜레스테롤은 더욱 많이 생성된다. 따라서 순수 콜레스테롤이 함유된 식품의 섭취는 하지 않는 것이 더욱 바람직하다.

콜레스테롤 수치를 낮추는데 꼭 지켜야 할 사항은 밥그릇과 국그릇의 크기와 김치, 깍두기를 소형화하며, 쌀밥을 적게 먹음으로써 김칫국, 젓갈 등 염분 함량이 많은 부식을 줄인다. 또한 가공식품인 장아찌, 젓갈, 햄, 소시지, 어묵, 과자, 스낵, 라면류 등의 섭취를 줄이고, 음식을 조리할 때는 음식은 뜨거울수록, 설탕을 많이 넣을수록 짠맛이 덜 느껴지기 때문에 조리 시 주의해야 한다. 그리고 식초의 사용량을 늘리면 간장, 소금의 사용량을 줄일 수 있고, 양념을 할 때에는 후추, 고추, 계피, 식초, 레몬, 소량의 설탕, 꿀, 소량의 깨, 잣, 호두, 김 등을 사용하여 다양한 맛을 낸다.

동물성 지방과 과다한 당질의 섭취를 제한하고, 단백질은 충분히 섭취한다. 신선한 야채와 과일, 해조류를 충분히 섭취하고 술과 담배를 절제한다. 그 외 육류는 가급적 살코기만 사용하고, 눈에 보이는 기름은 가능한 제거하고 닭은 껍질과 지방층을 벗기고 먹는 것이 좋다. 튀김은 피하고 기름이 많은 양념은 하지 말고, 찜, 구이, 조림 등의 방법을 이용하는 것이 좋고, 고기보다 생선을 섭취하며, 우유보다는 탈지 우유를 선택하면 콜레스테롤 수치를 낮추는데 좋다.

필요 이상의 지방 섭취는 체지방 축적, 즉 심각한 비만을 야기할 뿐만 아니라 고혈압, 고지혈증, 동맥경화 등의 뇌나 심장과 관련된 혈관질환을 일으키고 암 등의 성인병을 부르는 주범이 될 수 있다.

지방이 결핍되면 필수 지방산 및 지용성 비타민의 결핍을 초래하며 습진, 건조한 피부, 성장 저하를 부를 수 있다. 또한 아동들은 정상적으로 성장하지 못하게 되는데 뇌는 60%가 지방질로 되어 있기 때문에 지방이 결핍되면 뇌가 영양 부족 상태에 빠져 뇌 발달이 제대로 이루어지지 않는다.

08 질병을 예방하는 미네랄

현대인은 주로 가공식품의 사회에서 살고 있다고 하여도 과언은 아니다. 자연식품을 가공 조리할 때는 주요 식용 부위 이외의 부분은 버리게 되고, 또한 가공 조리과정에서 가열, 살균, 정제 등의 공정을 거치는 과정에서 필요한 성분이 소실되는 경우가 많다. 이와 같이 소실되는 성분은 주로 불포화 지방산 등과 비타민, 미네랄 등이 많다고 할 수 있다. 그뿐만 아니라 비타민과 마찬가지로 미네랄 또한 우리의 식습관이 가장 커다란 문제이다. 바쁜 생활과 인스턴트, 패스트푸드를 선호하는 경향 등이 결국 미네랄의 중요성을 잃게 만들고 있다.

미네랄 또한 5대 필수 영양소 중의 하나로서 우리 몸에 절대 없어서는 안되는 영양소이다. 기본적으로 우리 체내에 보유하고 있지만 건강을 유지하기 위해서는 항상 꾸준히 섭취하여야 한다. 미네랄은 체내에서는 전혀 생성되지 않는 영양소이기 때문이다.

미네랄의 기능이라고 한다면 비타민과 마찬가지로 체내에서 일어나는 여러 생화학 반응에 조효소로 작용하며 체액의 물질 구성 성분일 뿐 아니라 혈액과 뼈의 형성에 도움을 주며 신경계의 기능을 건강하게 유지시킨다고 할 수 있다. 미네랄 역시 흔하다고 생각되지만 실제로 섭취하기 어려우며 챙겨 먹기 어려운 영양소 중에 하나라고 할 수 있다. 또한 미네랄은 성장기 어린이/청소년들에게는 무엇보다도 필수적인 요소이다. 하지만 성장기 아동의 경우 좋아하는 음식만을 먹으려 하는 경향이 있어 이러한 경향이 결국 미네랄의 부족을 일으키게 되고 성장에 방해를 가져오게 된다. 예로 칼슘이 많은 멸치가 아이의 뼈 건강과 성장에 중요한 역할을 하지만 실제적으로 아이들은 멸치를 섭취하는 것을 싫어한다.

바쁜 사회생활, 가정일 등에 묻혀 살다 보면 결국 한 끼 식사 챙겨 먹기도 힘든 상황이다. 이러한 상황에 미네랄까지 챙겨 먹는다는 것은 쉽지 않은 일이다.

우리 혈액과 체액, 신경전달에 필요한 칼슘을 보충하기 위하여 결국에는 뼈와 치아 등에서 칼슘이 빠져나오게 되는데 이를 골다공증이라고 한다. 대표적으로 알고 있는 미네랄로는 철분이 있다. 임산부들의 대표적인 영양소 중의 하나인 철분은 혈액에서 산소의 운반을 돕는 영양소로써 임산부뿐만 아니라 모든 인체에 반드시 필요한 영양소 중 하나이다. 이렇게 대표적인 영양소들은 그래도 신경을 써서 섭취하고 있지만, 우리 몸에는 이 밖에도 미량으로 필요한 미네랄들이 많이 있다. 하지만 이에 대해서는 거의 신경을 쓰지 않으며 생활하고 있는 것이 현대사회를 살아가는 사람들의 실정이다. 미네랄의 결핍은 서서히 일어나 우리 몸에 치명적인 손상을 가하게 되고 사망에까지 이를 수 있는 영양소이다.

미네랄은 비타민과 함께 섭취할 경우 상승효과를 나타낸다. 예를 들어 칼슘을 섭취했을 때 비타민 D와 함께 섭취하게 되면 칼슘의 흡수를 도와주고 재흡수를 도와줄 뿐만 아니라 철분과 함께 비타민C를 흡수할 경우 또한 흡수를 도와준다. 이러한 필수적인 영양소들은 무엇보다도 균형 잡힌 식단을 통하여 섭취하는 것이 가장 좋은 방법이기는 하지만 사실상 그렇지 못하기 때문에 모자란 부분은 반드시 보충 식품으로 섭취하여야 하는 것이다.

미네랄은 인체의 에너지원은 아니지만 우리 몸을 구성하고 있고 신체의 생리 활동을 조절하는 매우 중요한 영양소이다. 우리 몸의 뼈, 치아, 혈액, 모발, 손톱, 신경조직 등 신체의 구성 성분이 되기도 한다. 또한 체액의 산, 알칼리 평형을 이루고 체액을 약알칼리성으로 유지하는 기능을 하며 호르몬의 성분으로서도 중요한 기능을 한다.

미네랄 섭취는 질병 예방을 위해 필수적이다. 미네랄을 충분히 섭취하면 신진대사가 원활해져 아동들의 성격이 매우 좋아진다. 그러나 단독으로 작용하는 미네랄은 없으며 체내에서 다른 미네랄, 비타민, 호르몬과 상호 협력 작용을 통하여 이용된다.

체내에서 생성되지 않고 음식을 통해 섭취해야 하는 필수 미네랄로 약 15가지를 들 수 있다.

미네랄은 체내에서 합성되지 않으므로 자연식품을 통해 섭취해야 한다. 또한 미네랄은 비타민과 다르게 열에서 잘 파괴되지 않는 것이 특징이다. 미네랄은 우리 몸에서는 비록 소량만이 필요하지만 미네랄이 결핍되면 몸의 부분들은 형성될 수 없다.

〈표 7-1〉 대량 미네랄의 기능과 함유 식품

구분	기능	함유식품
칼슘	뼈와 치아 구성, 신경 안정, 혈액 응고	말린 새우, 멸치, 유제품, 검은깨, 무말랭이
인	뼈와 치아 구성, 세포막 구성, 물질대사 작용	계란 노른자, 육류, 어류, 곡물류, 치즈

나트륨	체액의 PH 조절, 근육 수축, 신경 전달	소금
칼륨	체액의 PH 조절, 고혈압 예방	감귤, 녹황색 야채, 감자, 육류, 양배추
마그네슘	뼈와 치아 구성, 체내 효소 활동 활성화	다시마, 말린 유부, 참깨, 두유
철	적혈구 구성(빈혈 예방), 세포에 산소 운반	계란 노른자, 소고기, 돼지고기, 간, 새우, 김
요오드	갑상선 호르몬 구성(성장 발육 관여), 세포 대사 활성	다시마, 미역 등의 해조류, 양파, 어패류, 간유
망간	체내 항산화 효소의 보조 촉매, 성장 발육에 관여	곡물류, 야채류, 간
구리	철분의 흡수율 높임	굴, 소간, 참깨, 곡류, 육류, 어패류, 호도, 밤, 버섯, 시금치, 토마토
아연	뇌기능 활성화, 성장 발육 촉진, 스트레스 방어	굴, 참깨, 호박씨, 돼지고기, 곡물류, 코코아, 맥주효모
셀레늄	항산화(세포 활성화, 면역기능 강화) 항암작용	곡류, 육류, 어패류, 양파, 토마토, 다랑어

09 뼈를 튼튼하게 하는 칼슘

칼슘은 체중의 1.5~2%로 1000~1200g이 들어 있으며 인체 내에서는 무기질 중 가장 많이 들어 있다. 체내 칼슘의 99%는 골격과 치아와 같은 경조직에 존재하고, 나머지 1%는 세포와 세포 내외의 체액에 존재하면서 매우 중요한 생리작용을 조절하고 있다.

뼈와 치아를 만들고, 혈액을 응고시키는데 중요한 역할을 한다. 또한 심장의 활동이나 근육의 수축, 정신 안정에도 빼놓을 수 없는 성분이다. 우유, 유제품, 뼈째 먹는 생선 등에서 섭취할 수 있다. 녹색의 채소에도 칼슘을 많이 함유하고 있지만 흡수율이 좋지 못하고 육류 및 곡류의 칼슘 함량은 다소 낮다.

칼슘의 섭취가 부족할 경우 골격의 석회화가 완전하지 못하므로 골격과 치아조직의 성분 변화를 가져오고, 성장이 저하되며, 뼈에 기형 현상이 나타나기도 한다. 또한 가벼운 충격에도 뼈가 쉽게 부러지며, 장기간 섭취 부족 시에는 어린이들에게는 구루병이 발생한다. 중년 부인들의 경우 임신, 수유 및 오랫동안 칼슘 섭취 부족으로 인해 골연화증이 발생하기도 하며, 폐경기 이후의 여성들에게는 골다공증이 나타날 수 있다. 테타니란 성분은 혈액 속의 칼슘의 저하로 말초신경과 신경과 근육 접합부의 흥분성이 높아져 가벼운 자극으로 근육, 주로 손, 발, 안면의 근육이 수축 경련을 일으키는 상태로써, 어른보다 어린이에게서 많이 발생한다.

칼슘 흡수를 저하시키는 원인이 있는데, 섬유질인 시금치, 근대, 비트 등의 야채나 과일은 옥살산(Oxalic acid)을 많이 함유하고 있어서 많이 섭취하면 옥살산이 소화관에서 칼슘을 결합하여 배설시키므로 칼슘 부족증이 되기 쉽다. 그리고 인이 있는데, 인은 현대의 가공식품, 청량음료 중에는 인이 과다하게 함유되어 있으므로 칼슘의 흡수를 방해, 특히 성장기 어린이의 경우 가공, 인스턴트식품, 청량음료의 과다 섭취는 칼슘 흡수 방해로 뼈 성장을 저해할 뿐 아니라 집중력이 떨어지고 신경질적인 경향을 보이게 된다. 또한 지방 나이, 스트레스, 술, 운동 부족, 중금속 등에 인해 칼슘 흡수가 저하되기도 하고, 현미, 오트밀 등에 있는 피트산도 칼슘을 결합하여 배설시켜 버린다. 음식물이 소화관을 빨리 지나가도 칼슘 흡수가 저하되며, 이뇨제의 장기 복용은 칼슘 흡수를 저해한다. 또한 부갑상선 기능 저하, 신장 기능 저하 등도 칼슘 흡수를 저해한다.

칼슘은 뼈와 치아의 건강을 튼튼히 해주고 마그네슘과 결합하여 심장의 맥박을 규칙적으로 맞도록 도와준다.

또한 철분의 신진대사, 근육에 대한 신경의 자극을 강하게 울려주고 불면증과 신경계의 긴장을 완화시켜 준다. 칼슘(Calcium)의 99%는 뼈와 치아 속에, 1%는 혈액이나 체액에 용해된 상태로 우리 몸에 들어있다. 칼슘은 체내 무기질 중 가장 양이 많은 원소로 인체 내 총 칼슘의 양은 체중의 약 2% 정도이다. 체중이 50kg인 사람은 칼슘만 1kg 있다는 것이 된다.

인체는 전 생애를 통해서 칼슘을 필요로 하며, 특히 성장기, 임신기, 수유기에는 더욱 많이 필요하다. 그러나 섭취한 칼슘이 모두 흡수되는 것은 아니다. 매일 700mg 정도의 칼슘이 뼈와 혈액 사이를 이동하고, 식이 중에 인(P)이 많으면 칼슘의 흡수가 어렵다. 이와 같이 칼슘 흡수를 위해서는 여러 가지 관련 요인이 있는데, 키가 크기 위해, 골다공증을 예방하기 위해, 관절염을 예방하기 위해 다음에 나오는 유용한 지식들은 기본적으로 알아야 한다.

칼슘의 기능은 효소 활성화, 혈액 응고에 필수적, 근육수축, 신경 흥분전도, 심장박동 뮤코 다당, 뮤코 단백질의 주요 구성 성분, 세포막을 통한 활성물질의 반출 등의 기능을 하는 것이다. 칼슘의 효능은 골다공증, 구루병, 골절, 충치, 퇴행 변성 관절 등을 치료하고 고혈압, 동맥경화증, 설사, 당뇨를 예방하고 알레르기 질환, 감기 예방, 불면증 예방, 신경과민의 치료, 체액에서 이온화된 칼슘은 철분을 세포막 내로 운반, 혈액응고 작용을 촉진하며, 심근 수축력의 증강, 신경 및 근육의 적당한 흥분을 유도한다.

우리가 섭취한 음식 중의 칼슘은 약 20~30%가 흡수되며 성장기, 임산부에는 50%가 흡수된다. 산성 상태인 십이지장에서 주로 흡수되는데 소장은 알칼리성이기 때문에 흡수가 안된다. 칼슘의 흡수 감소 요인은 pH가 높을수록 즉, 알칼리성일수록 감소된다.

10 빈혈을 없애 주는 철분

철분이 부족하면 혈액 중의 적혈구 수나 색소의 양이 감소하며 피부와 점막이 창백해지고, 피로감, 현기증, 두통 등의 증상이 나타나 빈혈을 불러오게 된다. 유아동에 빈혈의 정도가 심하면 행동발달에도 장애가 오므로 철분의 보충에 유의해야 한다.

철분이 많이 든 식품은 육류, 패류, 난류, 푸른색 채소류 및 해조류다. 채소나 과일에 들어있는 비타민C와 당근과 멸치에 들어 있는 칼슘이 철분의 흡수를 도와주므로 편식을 막고여러 가지 음식을 골고루 먹게 하는 것이 철 결핍성 빈혈의 예방에 중요하다. 철분이 많은음식들은 계란 노른자, 쇠고기, 쇠간, 굴, 대합, 바지락, 김, 미역, 다시마, 파래, 쑥, 콩, 강낭콩, 깨, 팥, 잣, 호박, 버섯 등이 있다.

철분은 여러 가지 일을 하는데, 그중 철분의 중요한 역할이 몸에 피를 구성하는 요소이다. 그렇기 때문에 철분이 부족하면 헤모글로빈이라는 것이 피를 붉게 만들어주고 산소도 옮기게 하는 것을 못 하기 때문에 사망하게 된다. 철분 부족은 세계에서 가장 흔한 영양소 결핍으로 음식을 통한 철분 섭취 부족, 과도한 월경혈, 기타 여러 형태의 혈액 손실에 의해 발생한다. 철분 섭취가 부족하면 대머리가 되기 쉽다는 연구결과가 나왔다. 또한 몸속에 산소를공급하고 이산화탄소를 제거하는 역할을 하는 철분은 인간이 건강하게 생명을 유지하는데꼭 필요한 성분이다.

최근 연구결과에 의하면 우리 몸속에 철분이 부족하면 다리가 저리는 하지 불안 증후군은물론 이로 인한 불면증을 겪게 된다. 또 철분이 부족하면 운동을 해도 별 효과를 기대할수도 없고, 잠을 많이 자도 피곤을 느끼는 만성피로에 시달리게 되며, 어린이의 경우 철분이부족하면 발육저하와 함께 주의력 결핍을 일으킨다는 연구결과가 밝혀지기도 했다. 또한골다공증 예방, 산모가 남자아이 출산을 원한다면 철분이 많이 든 음식을 먹으면 매우 효과적이다.

여성의 경우 월경에 의한 출혈로 철분이 부족하기 쉽다, 철분이 부족하면 빈혈이 생기는데, 몸이 나른하고 머리가 자주 아프며 숨이 차는 증세가 나타난다. 철분 섭취를 충분히 하고 로열제리를 하루에 300~600ml 정도 먹는 것이 좋다. 철분이 부족한 여성은 운동을 해도 별 효과를 기대할 수 없다는 연구결과가 나왔다. 여성은 남성보다 철분 결핍으로 인한 빈혈 위험이 약 두 배 정도 높다. 특히 폐경기 이전의 여성은 철분이 부족한 경우가 많으며 철분 결핍이 심하면 세포에 산소를 운반하는 헤모글로빈이 모자라는 빈혈이 나타나게 된다. 신체 조직에 산소를 운반하는 능력이 손상되면 운동은 물론 걷는다거나 계단을 올라가는 일상적인 신체활동도 영향을 받게 된다.

〈표 7-2〉 식품의 철분 함유량(mg/100g)

식품명	철분양	식품명	철분양	식품명	철분양	식품명	철분양
흰 밥	0.2	식 빵	1.2	옥수수	2.0	조	5.0
찹 쌀	1.3	들 깨	7.5	밤	2.0	은 행	1.0
잣	4.7	참 깨	16.0	감 자	1.4	버 터	2.2
식물유	2.1	비 지	4.6	완 두	1.6	팥	5.2
땅 콩	1.9	게	3.0	고등어	1.6	굴	3.7
굴 비	14.4	멸 치	5.8	대 합	15.6	맛 살	11.0
명란젓	1.4	새 우	1.5	연 어	3.0	오징어	0.9
전 복	2.0	참 치	2.0	갈 치	1.6	쇠 간	10.1
닭고기	1.2	쇠고기	2.0	쏘시지	1.9	노른자	6.5
우 유	0.1	요구르트	0.1	당 근	1.6	토마토	0.6
시금치	2.6	양배추	0.3	양 파	0.1	오 이	0.2
호 박	4.1	양송이	0.6	김	17.6	물미역	1.0
감	0.1	표고버섯	4.0	귤	0.3	배	0.2
사 과	0.5	돼지고기	1.6	참 외	0.3	포 도	0.5

11 기능을 유지해주는 비타민

비타민이란 동물에게 있어 필수적인, 소량만으로도 성장발육과 정상으로 몸의 기능을 유지(향산성)시키는 화학적으로 무관한 유기 영양소 그룹이다. 비타민이란 말은 생명을 의미하는 Vita와 모든 비타민류에 할당된 이름인 amin에서 유래됐다. 비타민은 체내에서 합성되거나 충분한 량이 합성되지 않으므로 음식물을 통해 섭취해야 한다. 이는 미네랄과는 별개의 것이다. 에너지를 만들지는 않지만 생명 유지를 위해서 반드시 필요한 영양소이다.

단백질, 탄수화물, 지방과는 구분되지만 우리 몸의 건강을 유지시키는데 주요 영양소들을 도와서 중요한 역할을 담당한다. 한 가지 비타민이라도 식사에서 결핍된다면 아동들은 정상적으로 성장하지 못하게 된다. 체내에서 거의 합성되지 않는 비타민은 음식이나 비타민제를 통해 꼭 섭취해야 한다. 유일하게 체내에서 합성되는 비타민은 비타민 B3와 D, 비오틴뿐이다. 비타민은 탄수화물, 지방, 단백질의 에너지 대사를 촉진하고, 세포 분열, 시력, 성장, 상처 치료, 혈액 응고 등 체내에서 다양한 기능을 한다. 그렇기

때문에 비타민이 결핍되면 소화 흡수가 잘 이루어지지 않고 식욕이 떨어지며 신체 활력이 유지되지 않는다.

비타민의 역할은 비타민은 필수적이지만 에너지를 공급하지는 않는다. 탄수화물, 단백질, 지방에서 유래한 열량(Calories)만이 에너지를 공급한다. 그러나 몇몇 비타민들은 에너지 생산에서의 조효소(열량을 우리 몸에 유용한 에너지로 바꾸는 역할) 역할 을 한다. 그들은 열량을 발화시키고 몸의 기능을 작동하게 하는 촉매제이다. 간단히 말해서 비타민은 사람과 동물의 정상적인 생화학적 신체기능을 유지시키는 일을 돕는 역할을 한다.

비타민의 종류를 보면 다음과 같다.

1) 비타민 A

결핍되면 눈에 가장 많은 영향을 끼치는데, 안구건조증이 되어 각막이 건조해지고 딱딱해진다. 야맹증, 시력저하가 나타나는데, 야맹증은 어둑한 저녁이나 밤, 새벽에 이르기까지

시력이 크게 떨어져 눈이 보이지 않게 되는 증세를 말한다. 야맹증은 선천성인 경우와 후천성인 경우가 있다. 비타민 A의 부족 때문에 일어나는 야맹증은 후천성인 경우이고, 선천성인 야맹증은 진행되지 않는 야맹증이나 시력과 시야에는 이상이 없는 야맹증도 있으나 그밖에 시력과 시야에 변화가 있고 마침내는 눈까지 머는 야맹증도 있다.

아동이 성장할 때 비타민 A는 골격근과 연조직 성장에 필수적이다. 이것은 비타민이 단백질 합성, 세포분열 또는 세포막의 안정에 영향을 주기 때문이다. 생식기관에서 레티노이드는 남녀 생식기능을 유지해 주는데 필수적이다. 레티놀과 레티날 결핍은 동물은 불임, 고환위축, 유산, 태아형성부전 등이 야기된다.

2) 비타민 B

비타민 B는 뇌에 영양을 주어 기억력이 좋아지는 역할을 하는데, 기억력을 키우는 방법을 잘 이해하기 위해서는 그것의 작용 원리를 알아야 한다. 시간에 따른 망각의 정도를 표시한 에빙하우스의 망각곡선에 따르면 인간은 기억을 한 후 첫 이틀 동안에 66%를, 1개월이 지나면 79%를 망각해 버리고, 나머지 21%는 오랫동안 잊지 않고 기억할 수 있다는 것이다. 즉, 기억력은 시간의 흐름에 따라 잊어버리는 것이 적어진다. 사람은 어떠한 음식을 먹고 어떠한 생활습관을 가지고 있느냐에 따라 지적인 성취도와 감정 등에도 영향을 받게 된다고 한다. 그래서 식습관과 생활습관을 올바르게 개선하면 두뇌발달에 도움을 줄 수가 있다는 것이다. 특히 노화를 예방하기 위해서도 끊임없이 두뇌를 자극할 필요가 있다.

비타민이 결핍되면 신체의 정상적인 기능이 발휘될 수 없을 뿐만 아니라 두뇌의 기능도 저하된다. 비타민 중에서도 비타민 B 군이 부족하면 사고력에 막대한 영향을 미친다. 방향감각의 상실, 환상, 의기소침, 성격변화 등을 유발한다. 특히 비타민 B1이 결핍되면 기억력 감퇴는 물론 집중력이 저하된다. 비타민 B1은 두뇌 속에서 화학 전달물질을 만들어내기 때문이다. 이렇게 뇌의 영양 공급에 비타민 B가 중요한 작용을 한다. 또한 두뇌 활동에는 비타민과 미네랄이 필요한데, 비타민 B가 부족하면 당질을 포도당으로 바꿀 수 없기 때문에 뇌의 에너지 공급이 불가능해지고 집중력과 기억력도 떨어진다.

3) 비타민 B1

결핍증으로 변비, 체중 감소, 무력증, 당뇨병, 심장비대증, 신경쇠약, 우울증, 각기병, 부종, 식욕부진. 각기병 등이 있는데, 그중 건성 각기병은 노년층에서 다리의 약화, 신경조직의 퇴행으로 신경장애가 온다. 또한 습성 각기병은 부종과 심부전이 특징이고, 부종은 모세혈관을 통해 체액이 누출된다. 그리고 유아성 각기병은 모유에서 B_1 부족일 때 6개월 이내의 아기에서 나타난다. 경련, 혼수, 심부전이 오면 수 시간 안에 사망하게 된다. 비타민 B_1이 부족해서 생기는 영양실조 증세의 한 가지로, 다리가 붓고 마비되어 걸음을 제대로 걷지 못하게 되는 병증 초기에는 입맛이 없고, 늘 피곤하며, 소화가 잘 안되고, 팔다리에 힘이 없으며, 감각이 무디어지는 일반적인 증상을 보이다가 심해지면 신경과 심장장애가 특징적으로 나타난다. 초기에 치료하지 않아서 악화되면 신경계의 장애를 비롯하여 순환기나 소화기의 증세와 몸이 부어오르는 증상인 부종 등이 나타난다.

신경계의 증세에서는 다발성 신경 염에 의한 것으로, 손과 발의 감각 이상이나 운동마비, 시력이 약해지는 약시 등이 나타난다. 부종은 팔과 다리 등에서 특히 눈에 띄게 나타난다. 예방을 위해서는 영양분이 균형을 취해야 하며, 비타민 B1이 많이 들어 있는 말린 곡류, 돼지고기 등을 섭취해야 한다.

4) 비타민 B_2

결핍증으로 소화불량, 위염, 대장염, 설사, 구강염, 설염, 각막염, 백내장, 탈모, 습진, 현기증, 피로, 체력 감퇴, 간 기능 부전, 불면, 두통, 고환, 부고환, 성기 발진, 전립선이 위축되고 구내염, 구각염, 각막염, 결막염, 설염, 연하곤란, 빈혈, 지루성 피부염, 장염, 눈물 과잉 분비, 눈 충혈 등의 현상이 일어난다. 또한 빛에 대한 과민증이 나타난다.

5) 비타민 B_3

결핍증은 구내염, 구강염, 설염, 구토, 설사, 뇌기능 둔화, 두통, 현기증, 소화불량, 불면증이 생긴다.

6) 비타민 B_5

비타민 B_5가 부족하게 되면 체지방은 정상 시의 절반밖에 연소되지 않는다. B_5, B_6, 망간, 마그네슘 등 미량원소가 체지방의 연소를 돕는다. 비타민 B_5가 부족하게 되면 콩팥 위에 있는 내분비선을 피로하게 하여 결정적인 손상을 입힌다.

7) 비타민 B$_6$

만성 알코올 중독자에서 가장 결핍되기 쉽다. 우울, 착란, 경련, 성장장애, 빈혈, 신결석 등이 나타난다. 히스테리로 폭발적, 불안정한 정서의 동요가 심한 것이 가장 현저한 결핍증이다. 피임약을 복용하는 사람들은 반드시 이것을 충분히 보충해야 한다.

8) 기타 비타민

비타민 B$_9$의 결핍증으로 악성빈혈이 있고, 비타민 B$_{12}$ 결핍증으로는 악성빈혈, 소아의 식욕부진과 발육부진, 성인에게는 만성 피로, 권태감, 집중력과 기억력의 감퇴 등이 있다.

비타민 B$_{13}$ 결핍증으로는 간장 장애, 다발성경화증, 세포노화 촉진 등이 나타난다.

비타민 B$_{15}$ 결핍증으로는 세포의 산소 결합력이 떨어져 심근세포에서는 심장병을 악화시킨다. 두통, 만성피로, 간 기능장애, 천식 악화, 선 및 신경조직 장애 등을 유발한다. 비타민 B$_{17}$ 결핍증으로 빈혈, 체력 강하, 암 발생률이 높아진다.

9) 비타민 C

비타민 C는 정서가 안정되고 집중력도 쑥쑥 향상되는데 중요한 역할을 한다. 비타민C는 필수영양소 중의 하나로, 포유동물이나 식물은 포도당으로부터 비타민 C를 스스로 합성하여 사용할 수 있으나 사람은 비타민 C를 체내에서 합성할 수 없다. 비타민 C는 뼈, 혈관, 치아발육에 도움을 준다. 철분의 흡수를 도와 철 결핍성 빈혈 방지에도 효과가 있다. 또한 스트레스나 세균에 대한 저항력을 강하게 하는 역할을 하므로 부족하면 질병에 걸리거나 신경질적인 아동이 되기 쉽다. 비타민 C는 수용성 비타민으로 레몬주스, 파슬리, 각종 과일, 양배추, 채소의 꽃, 피망, 딸기, 무, 신선한 채소류에 많이 함유되어 있으며, 우유와 육류, 계란에는 거의 없다. 특히 제철 음식을 먹는 것이 바람직하다.

비타민 C의 기능은 항산화, 조직 성장, 상처치유, 칼슘 및 철의 흡수, 비타민 B 및 엽산 이용, 신경전달물질 합성, 콜레스테롤을 조절하고, 바이러스나 세균성의 염증질환에 탁월한 효능을 발휘하고, 골절의 치료에 도움을 주며, 잇몸을 튼튼히 하고, 부신 기능을 좋게 하며, 철분의 흡수를 좋게 하여준다. 항산화 작용을 하여 콜레스테롤 수치를 떨어뜨리고, 동맥경화를 예방하며 고혈압을 내려주는 것으로 알려져 있다. 또한 항산화 비타민으로써 미백효과와 기미, 죽은깨가 생기는 것을 막아주고, 피부저항력을 강화시켜 알레르기성 피부와 쉽게 붉어지는 피부에 좋다고 한다. 이렇게 체내 비타민 C 부족은 결국 나이가 들면서 위암 등의 발병과 연관성이 높아지는 만큼 충분한 비타민 C 섭취가 중요하다고 한다. 또 비타민 C는 비타민 E와 같이 복용하게 되면 알츠하이머병 예방에도 도움이 된다고 한다. 비타민의 1일 권장량은 55mg이며 임산부는 70mg이며, 3000mg까지 허용되고 있다.

비타민 C 결핍으로 가장 일반적으로 알려진 것은 괴혈병이다. 신선한 야채류, 과일류를 먹지 않으면 언제든지 걸릴 수 있다. 비타민 C 결핍은 여러 가지 고통스러운 가지각색의 병의 원인이 된다. 아울러 신장 결석, 방광 결석의 원인이 된다. 또는 뼈가 쑤시는 증세, 관절염, 근육통, 피로, 숨이 참, 허약, 불임증의 원인이 될 수 있다. 치조 농루, 저항력 감소, 회복력 저하, 각종 성인병, 괴혈병은 몸이나 살갗에서 피가 나며 빈혈을 일으키는 병이다. 처음에는 온몸이 나른하고 졸음이 오기도 한다. 이어서 손톱, 입술 등이 보라 색을 띄며, 모세혈관이 파열되고, 다리의 피부, 잇몸, 근육, 뼈 등에서 피가 나온다. 그래도 놓아두면 죽는 수도 있으므로 비타민 C가 들어 있는 신선한 채소나 과일을 많이 먹어야 한다.

10) 비타민 D

비타민 D 결핍증은 어린이의 뼈가 말랑말랑해지거나 굽거나, 혹은 모양이 이상하게 되어 버리고, 어른에게는 골연화증을 발생시키는 병이다. 칼슘과 인의 대사에 필요한 비타민 D가 부족하면 뼈의 발육이 늦어져 석회화가 충분히 되지 않으므로 손, 발 또는 척추가 뒤쪽 또는 옆으로 굽는다. 햇볕을 쬘 기회가 적은 1~6세의 어린이들에게 잘 생긴다. 원인은 피부가 자외선을 받으면 비타민 D가 만들어지는데, 그 자외선이 부족하기 때문이다. 구루병(곱추), 충치, 골연화증, 발육부진, 골격형성 장애, 미네랄 대사장애 등이 있다.

11) 비타민 E

비타민 E 결핍증은 습관성유산, 불임증, 조산, 혈전증, 무력증, 심장병 악화, 발암 조건, 코피출혈, 출혈성 궤양, 노화 촉진 등이 있다.

12) 비타민 P

Bioflavonoid의 결핍증은 비타민 C 결핍증과 밀접하게 연관되어 있다. 부족 시 출혈, 멍이 잘 든다. 비타민 C 와 P가 부족하면 류마티즘 질환이 잘 걸린다. 고혈압, 동맥경화증. 비타민 K 장기간 항생제를 사용했을 경우 어린이들에게 결핍이 생길 수 있다.

비타민은 아동기 성장과 뇌·인성 발달에도 절대적으로 필요하다. 미국의 학자는 비타민 C를 충분히 먹여도 머리가 좋아진다는 사실을 밝혀냈다. 비타민, 미네랄을 충분히 섭취하기 위해서는 하루에 채소나 과일을 4, 5회, 곡류를 4회, 우유나 유제품을 2회, 고기나 계란 같은 단백질이 풍부한 식품을 2회 이상 먹어야 한다.

〈표 7-3〉 비타민의 기능과 함유 식품

구분	기능	함유식품
비타민 A (베타카로틴)	시력 유지, 세포재생, 점막 강화	장어, 간, 치즈, 계란, 시금치, 녹황색야채, 당근
비타민 B_1 (티아민)	에너지대사 촉진, 항 신경염 기능	현미, 소맥배아, 콩, 버섯, 효모, 돼지고기, 김, 말린 장어
비타민 B_2 (리보플라빈)	건강한 피부, 손톱, 모발 유지, 발육 촉진	효모, 우유, 계란, 시금치, 장어, 김, 표고버섯
비타민 B_3 (나이아신)	피부염 예방, 심장과 뇌에 영양공급	효모, 닭고기, 버섯, 참치, 간, 콩류, 땅콩, 옥수수
비타민 B_5 (판토텐산)	피로회복	배아, 효모, 육류, 어류, 우유, 콩류
비타민 B_6 (피리독신)	뇌신경 기능 발달, 자폐증 예방	효모, 간, 육류, 어류, 계란, 우유, 바나나, 호도, 땅콩, 돼지고기
비타민 B_9 (엽산)	빈혈 예방, 기억력 증진, 기형아 출산 예방	녹황색 채소, 브로콜리, 감자, 시금치, 상추, 효모, 소맥배아, 버섯, 견과류, 땅콩, 간
비타민 B_{12}	빈혈 예방, 집중력, 기억력 향상, 식욕증진	간, 어패류, 육류, 치즈, 우유, 계란, 효모
비타민 C	콜라겐 생성 촉진(골격, 치아 발달), 콜레스테롤 저하 기능	파슬리, 과일류, 양배추, 피망, 딸기, 무잎, 채소류
비타민 D	뼈와 치아 발달	간, 정어리, 멸치, 다랑어, 버터, 계란 노른자
비타민 E	항산화 작용, 노화 방지	소맥배아유, 쌀겨, 식물성기름, 채종유, 녹황색야채, 콩류, 소간, 돼지 간

12 생존에 꼭 필요한 물

물을 영양소라고 부르지는 않지만 생명을 유지하는 데 없어서는 안 될 만큼 중요하다. 물은 체내에서 영양소의 소화 흡수를 촉진하고 몸에 쌓이는 찌꺼기를 몸 밖으로 배출하는 역할을 한다. 또한 땀을 흘릴 때 체온을 조절하기도 한다. 물은 우리 몸 조직의 2/3를 차지하고 있다. 설사를 하거나 땀을 많이 흘렸을 때에도 물을 충분히 보충해 주어야 한다. 물이 부족하면 식욕 부진, 구토 등이 생기며 심하면 탈수 증상을 일으키게 된다.

물은 몸 안에서 여러 가지 역할을 하는데 첫 번째 우리 몸에 부족한 부분을 채워서 보충하는 역할을 담당한다. 몸에 이상이 생기는 것 중에는 열이 한 쪽으로 몰려서 한 쪽은 뜨겁고 한 쪽은 차가운 데서 생기는 것이다. 그러므로 열이 몰려 있는 곳에는 열을 막아 냉한 쪽으로 열이 흘러가도록 해야 한다. 몸 안의 열은 물을 통해서 오른쪽에서 왼쪽으로 돌고 있기 때문에 물이 모자라면 열이 머리에서 멈추고 왼쪽으로 넘어가지 못해 열이 한 쪽에 몰려 다른 쪽에는 냉한 곳이 생기는 것이다.

두 번째 물은 영양분을 배달하는 역할을 담당한다. 우리가 먹은 음식물은 입에서 잘 씹고 위에서 잘 소화되면 십이지장에서 인슐린과 담즙을 섞어서 소장으로 넘기고 소장에서는 몸 안으로 흡수한다. 소장에서 흡수한 영양분은 세포 사이에 있는 물질을 통해서 전신으로 전달이 된다. 몸 안에 필요한 물이 넉넉하지 못하면 흡수한 영양분이 전신으로 배달되지 않아서 먹기는 먹어도 실제로는 영양실조에 걸리게 되는 것이다. 그러므로 음식을 먹어서 영양분을 섭취하는 것보다도 먼저 그 영양분을 전신에 배달해 줄 물을 넉넉하게 마신다는 것이 더 중요한 것이다.

세 번째 물은 몸의 모든 기능을 정상화시키는 일을 한다. 소장에서 영양분을 흡수해 들이고 남은 찌꺼기는 대장으로 보내어진다. 대장에서는 그 찌꺼기에 있는 물을 흡수해서 몸 안에 필요한 물을 채우는 일을 한다. 이때 몸에 물이 너무 모자라면 대장에서 물을 너무 빨아들이기 때문에 변비 현상이 일어나는 것이다. 그러므로 변비는 병이 아니라 몸에 물이 모자라기 때문에 물을 너무 흡수해서 생긴 현상이다. 그러므로 물을 많이 마시는 사람은 변비가 생기지 않는다. 그러나 대장이 약하면 물을 흡수시키는 일이 부진하므로 몸에는 물이 모자라면서도 변비가 되지 않는 것이다. 그러므로 변비가 있는 사람이 없는 사람보다 대장이 건강한 사람이다. 대장이 약해서 몸에 수분이 모자라면 제일 먼저 머리에 비듬이 많아지고 또 기관이 말라서 호흡이 답답하고 목에 가래가 끼게 되는 것이다. 그리고 위도 약해지고, 심장도 약해지는 것이다. 심지어 간 기능도 약해지고 모든 기능이 다 약해지게 되므로 몸에는 물이 항상 넉넉해야 한다.

네 번째 물은 혈압을 조절하는 역할을 한다. 혈액에 물이 모자라면 혈액이 진해져서 콜레스테롤 농도가 높아지고 그렇게 되면 혈압이 높아지게 된다. 그러므로 몸 안에 물이 넉넉해야 혈압이 올라가지 않는 것이다. 혈압치료는 근본적으로 혈액에 수분 농도가 넉넉해야 한다.

다섯 번째 물은 체액을 정상화시키는 역할을 한다. 혈액은 혈관 속을 흐르는 피를 말하는 것이고 체액은 혈관 밖, 세포 사이를 흐르는 피를 말하는 것이다. 체액에 물이 모자라면 몸이 마르고, 물이 변질되면 몸이 부어서 문제가 생기게 된다. 하루에 2000cc의 물을 마셔야 역시 2000cc의 소변으로 모든 노폐물이 배설되어 체액에 이상이 생기지 않는다. 그러므로 어떠한 식사보다도 먼저 물이 중요한 것이다

여섯 번째 물은 몸 안에서 열을 순환시키는 역할을 한다. 몸 안에 필요한 양의 물이 모자라면 열이 제대로 순환이 안되어 오른쪽 머리에 몰리게 된다. 왼쪽의 뇌에는 물이 모자라기 때문에 흔들려서 어지럽고 오른쪽 뇌에는 열이 많기 때문에 아픈 것으로 양쪽 뇌의 느낌이 다르기 때문에 편두통이라 한다. 편두통을 없애는 길은 물을 넉넉히 섭취하는 것이다.

제8장

푸드 테라피 활동 준비

01 푸드 테라피의 재료

푸드테라피에 사용되는 매체는 푸드테라피를 위해서 들어가는 요리도구나 요리 재료들을 말한다. 요리도구는 주방에 있는 모든 도구를 말하며, 요리 재료들은 주변에 있는 먹을 수 있는 모든 것이 다 포함되기에 매우 다양하다. 그러나 요리 재료를 종류별로 나누어 보면 다음과 같이 구분할 수 있다.

1) 요리 재료

① 회화 재료

회화는 여러 가지 선이나 색채로 평면 상에 형상을 그려 내는 것을 말한다. 푸드테라피에서는 평면으로 되어 있는 식빵이나 김, 치즈 같은 곳에 그림을 그릴 수 있다. 푸드테라피에서 사용하는 그리거나 색칠하는 재료로는 초코 펜, 천연색소로 염색한 휘핑크림이나 떡 재료가 있다.

② 조소 재료

조소는 재료를 깎고 새기거나 빚어서 입체 형상을 만드는 것을 말한다. 조소는 보통 물체를 깎아 만드는 조각과 물체를 붙이는 소조를 아울러 이른다. 푸드테라피에서 조소 재료로는 밀가루 반죽, 찹쌀 반죽이 있으며, 조각 재료로는 무, 오이, 당근, 고구마와 같은 단단한 재료로 활용할 수 있다.

③ 공예 재료

미술 또는 조형예술의 한 부분으로 순수미술로부터 구별하기 위해, 19세기 중반부터 일반화되기 시작한 용어이다. 공예 재료로 사용되는 재료로는 곡식, 채소, 과일, 육류 등 요리 재료 전부를 의미한다.

2) 요리 도구

① 그릇

- 공기[vessel] : 아무것도 담겨 있지 않은 그릇. 빈 그릇.

- 대접[soup bowl] : 국·숭늉 등을 담을 때 쓰는 식기.

- 빨대컵 : 마시기 쉽게 빨대가 달려 있는 컵.

- 소스 그릇[sauceboat] : 간장이나 소스를 넣는 그릇.

- 볼[bowl] : 반구형(半球形)의 요리용 그릇.

- 식판 : 밥, 국, 서너 가지의 반찬을 담을 수 있도록 오목하게 칸을 나누어 만든 식기.

- 접시[dish] : 오목하고 납작한 그릇을 모두 말함.

② 요리를 빠르게 만들어주는 기기.

- 도깨비방망이 : 소량의 재료를 다지거나 섞을 때 사용하는 기계.

- 와플기 : 와플을 만들어 주는 기계.

- 인덕션 오븐 : 전기로 음식을 조리하는 기계.

- 전기밥솥 : 전기로 열을 내어 밥을 하는 밥솥.

- 전기오븐 : 전기로 열을 내어 쿠키나 빵을 굽는 기계.

- 전기주전자 : 물을 빠르게 끓여주는 전기 도구.

- 전자레인지 : 전자파를 발생하여 음식을 조리하는 기계.

- 제면기 : 국수를 눌러 빼는 틀.

- 토스터 : 식빵을 굽는데 사용하는 기계.

- 핸드믹서[Hand mix] : 이동하면서 사용할 수 있는 혼합기.

③ 요리를 편하게 만들어 주는 도구.

- 빵틀 : 핫케이크 틀.

- 강판 : 야채나 과일을 갈아주는 도구.

- 거품기 : 휘저으면서 거품이 나도록 도와주는 도구.

- 계란 절단기 : 계란을 일정하게 납작한 모양으로 동시에 잘라주는 도구.

- 고무주걱 : 눌러붙지 않도록 저어주거나 섞는 도구.

- 냄비 : 음식을 끓이고, 튀기고, 삶고, 볶는 데 쓰는 조리 용구.

- 구멍 국자 : 가락국수나 튀김을 건질 때 유용한 도구.

- 국자 : 국이나 국물을 뜨는 자루가 긴 도구.

- 김밥 말이 : 김밥을 말 때 쓰는 도구.

- 뒤집게 : 부침개나 전 등을 부칠 때 뒤집는 도구.

- 밀대 : 둥글고 길게 깎아 만들어 밀가루 반죽 따위를 얇게 미는 데 쓰는 도구.

- 사각 프라이팬 : 계란을 넓게 부칠 때 쓰는 도구.

- 석쇠 : 고기나 굳은 떡 조각 따위를 굽는 기구.

- 솔 : 먼지나 때를 쓸어 떨어뜨리거나 풀칠 따위를 하는 데 쓰는 도구.

- 압력밥솥 : 뚜껑을 밀폐하여 용기 안의 압력을 높일 수 있는 솥. 온도가 100℃ 이상 올라가므로 빠른 시간 내에 조리를 할 수 있다.

- 주걱 : 밥을 푸거나 음식물을 골고루 뒤섞을 때 사용하는 도구.

- 오븐 장갑 : 완성된 오븐요리를 꺼낼 때 열에 의해 손을 보호하기 위해 끼는 장갑.

- 주전자 : 물이나 술 따위를 데우거나 담아서 따르게 만든 그릇.

- 짜주머니 : 액체를 넣고 짜서 조금씩 나오게 하는 도구.

- 찜기 : 찌는 요리를 도와주는 기구

- 체 : 가루를 곱게 치거나 액체를 받거나 거르는 데 쓰는 기구.

- 필러 : 감자, 당근 등 단단한 야채의 껍질을 쉽게 깎기 위한 도구로, 아래로 쓱쓱 밀면 섭실이 쭉쭉 벗겨진다.

- 프라이팬 : 프라이를 하는 데 쓰는, 자루가 달리고 운두가 얕으며 넓적한 냄비.

02 칼 사용법

1) 칼 끝

고기의 살과 뼈를 바르고 생선을 포를 뜨거나 야채의 꼭지를 도려내는 데 사용한다.

2) 칼 중앙

가장 많이 사용하는 부위로 썰기와 자르기, 다지기 등에 사용한다.

3) 칼 밑

과일의 껍질을 벗기거나 단단한 껍질이나 뼈를 자를 때 사용한다.

4) 칼 턱

작고 오목한 부분을 도려내는 데 사용하거나 잘 끊어지지 않는 딱딱한 부위를 자를 때 사용한다.

5) 칼 등

얇고 긴 야채의 껍질을 벗길 때, 생선의 비늘을 긁을 때, 고기를 부드럽게 다질 때 사용한다.

6) 칼 배(칼 편)

두부를 으깨거나, 마늘, 생강을 곱게 다질 때 칼 배로 눌러서 사용한다.

03 조리 방법

- 굽기 : 요리 재료를 불에 익히다.
- 썰기 : 어떤 물체에 칼이나 톱을 대고 아래로 누르면서 날을 앞뒤로 움직여서 잘라 내거나 토막이 나게 한다.
- 깨기 : 재료를 때려서 나눈다.
- 껍질 벗기기 : 껍데기를 벗겨내는 것.
- 끼우기 : 재료를 다른 것에 넣는 것.
- 네모 썰기 : 재료를 네모 모양으로 자르는 것.
- 돌려 깎기 : 껍데기가 끊어지지 않도록 연결해서 바깥쪽을 깎는 것.
- 떼어내기 : 한 물체에서 일부분을 잘라내는 것.
- 말기 : 넓적한 물건을 돌돌 감아 원통형으로 겹치게 하다.
- 밀기 : 물건을 밀어젖힌다.
- 반죽하기 : 가루에 물을 부어 이겨 개는 것.
- 부수기 : 단단한 물체를 여러 조각이 나게 두드려 깨뜨리다.
- 붇기 : 재료에 다른 재료를 넣는 것.
- 뿌리기 : 위에서 가루 같은 것을 아래로 날려서 떨어지게 하는 것.
- 삶기 : 물에 넣고 끓이기.
- 섞기 : 두 가지 이상의 것을 한데 합치다.
- 썰기 : 어떤 물체에 칼이나 톱을 대고 아래로 누르면서 날을 앞뒤로 움직여서 잘라 내거나 토막이 나게 하다.

- 자르기 : 동강을 내거나 끊어 내다.

- 짜기 : 누르거나 비틀어서 재료를 빼내다.

- 찍기 : 어떤 틀이나 주형 따위로 규격이 같은 물건을 만들다.

- 찢기 : 물체를 잡아당기어 가르다.

- 찌기 : 뜨거운 김으로 익히거나 데우다.

- 벗기기 : 가죽이나 껍질 따위를 떼어 내다.

- 볶기 : 음식이나 음식의 재료를 물기가 거의 없거나 적은 상태로 열을 가하여 이리 저리 자주 저으면서 익히다.

- 거르기 : 채를 써서 액체 속에 들어 있는 건더기를 걸러 내는 일.

- 데치기 : 물에 넣어 살짝 익히다.

- 묻히기 : 재료에 가루 같은 것을 바르는 것.

04 푸드 테라피 상담실

푸드 테라피는 다른 치료 방법에 비해서 푸드 테라피실을 가지고 있어야 한다. 푸드 테라피에서는 푸드 요리 활동을 하기 위한 공간이 있어야 하므로 푸드 테라피실은 매우 중요하다. 푸드 테라피실의 기능이 많을수록 다양한 푸드 테라피를 시도할 수 있지만 기능이 적을수록 시도할 수 있는 푸드 테라피가 적을 수밖에 없다. 푸드 테라피가 효율적으로 진행되기 위해서는 다음과 같이 준비해야 한다.

1) 분위기

푸드 테라피실의 분위기는 주 상담 고객층을 누구로 선택할 것인가에 따라 달라진다. 성인들은 어떠한 공간도 문제가 되지 않지만 환경에 민감한 아동에게는 푸드 테라피실의 분위기에 신경을 써야 한다.

아동을 위한 푸드 테라피실을 만들려면 아동이 처음 푸드 테라피실에 들어섰을 때는 호기심을 가질 수 있도록 하고, 지속적으로는 편안한 느낌을 전달해 주도록 내담자를 위한 공간이라는 명백한 메시지를 전달하고 있어야 한다. 아동이 푸드 테라피실에 들어서면 푸드 테라피실 자체가 "나를 위해 만든 곳이니 자유롭게 놀다 가야지"라는 생각을 가질 수 있어야 한다.

처음부터 모든 것을 다 완벽하게 갖춘 푸드 테라피실을 갖기는 어렵겠지만 처음에는 아동이 친숙한 느낌을 갖도록 세심한 주의와 많은 노력이 필요하며, 시간이 가면서 치료사의 경험이 쌓이면서 점차 편안하고, 유용한 공간으로 발전하면 된다.

아동을 위한 푸드 테라피실을 만들려면 채광, 통풍이 잘 되는 공간을 선택하고 벽면은 파스텔톤의 벽지를 사용하는 것이 좋다. 푸드 테라피실의 공간은 푸드 테라피를 효과적으로 할 수 있는 정도만 되면 된다.

2) 크기

아동을 위한 푸드 테라피실의 크기는 개인 치료인지 집단치료인지에 따라 방의 크기가 달라진다. 개인 치료의 경우에는 가로(3m)×세로(3m) 정도면 적당하며, 집단치료실의 경우에는 가로(5m)×세로(10m) 내외가 적당하다. 이와 같은 크기의 기준들은 안전하게 대근육 활동이 가능하면서도 버려진 느낌이나 고립감이 들지 않도록 배려한 크기이다. 즉 심리적으로 편하게 느끼면서 움직일 수 있는 공간의 크기를 말한다. 방이 너무 적으면 아동이 자유롭게 자신을 표현할 수 없고 너무 크면 아동과 치료사 사이를 멀게 느끼게 할 수 있기 때문에 치료실의 목적과 아동의 연령에 따라 크기를 고려하여 정해야 한다.

3) 독립 공간

푸드 테라피실은 성격상 다른 방으로부터 독립된 공간이어야 하며, 전용 요리 공간으로 사용하는 것이 좋다. 푸드 테라피실은 푸드 테라피를 하는 방이기 때문에 냄새나 소음이 나므로 다른 방에 피해를 주지 않아야 한다. 특히 푸드 테라피실은 다른 치료실과는 다르므로 시끄러운 소리가 들릴 수도 있어 다른 푸드 테라피실이나 대기자가 기다리는 공간과는 어느 정도 방음이 되어야 한다. 따라서 다른 사무실과는 떨어져 있어야 하고 다른 목적의 치료실과도 서로 영향을 덜 받도록 설계되어야 한다. 그러므로 다른 방들과 거리가 있어야 하며 특히 방음에 신경을 써야 한다.

푸드 테라피실은 부모가 기다리는 곳에서 아동의 목소리가 들리거나 요리 장면이 항상 노출된다면 곤란하다. 아동의 부모는 물론 다른 사람이 자신의 행동을 모두 관찰하고 듣고 있다면 아동이 요리심리상담사와의 관계 맺기나 비밀을 이야기하는데 장애가 되기 때문이다. 뿐만 아니라 아동은 부모가 보이면 스스로 하기 보다는 부모에게 전적으로 의지하려는 마음이 들게 되어 원하는 목표를 달성하기 어렵다.

그러나 푸드 테라피 과정에서 의도적으로 부모와 함께 푸드 테라피를 할 수 있도록 설계하는 경우도 있다. 특히 상담 초기 과정에서 부모와 분리가 힘든 아동이나 부모와의 대화나 사랑이 절대적으로 필요한 치료에서는 아동과 부모가 함께 푸드 테라피를 할 수 있도록 의자나 테이블의 높이에 대한 시설적인 배려가 있어야 한다.

4) 바닥

푸드 테라피실의 바닥은 푸드 테라피로 인해 바닥에 물기가 많아 미끄럽다. 바닥이 미끄럽다 보면 푸드 테라피 중에 넘어지거나 다치는 경우가 발생하게 된다. 따라서 물기가 빨리 마를 수 있으면서도 물기가 있을 때 미끄럽지 않은 타일을 선택하는 것이 좋다. 또한 청소하기 쉽고 청결을 유지하기에 위생적인 환경을 만들도록 고안해야 한다.

5) 급수 시설

푸드 테라피실은 편리한 푸드 테라피를 위해 물이 나오는 싱크대가 있으면 유용하게 활용할 수 있다. 물론 푸드 테라피실에는 싱크대가 없어도 미리 재료를 준비하여 제공하면 문제가 되지 않지만, 그래도 다양한 푸드 테라피를 하기 위해서는 싱크대가 있는 것이 좋다. 싱크대가 있으면 요리 시 물을 공급받을 수도 있고, 물기가 있는 요리도 즐길 수 있으며, 정리하기나 씻기에 활용할 수도 있다. 수도는 밸브를 너무 많이 열어 놓지 않아야 한다. 물을 틀었을 때 갑자기 물이 튀지 않도록 하기 위해서다. 또한 너무 뜨거운 물이 나오는 것도 고려해야 한다. 나이가 어리거나 충동적인 아동은 조절 능력이 부족하여 뜨거운 물에 상처를 입을 수 있기 때문이다.

6) 집기

푸드 테라피실에서 다양한 활동을 위해서는 요리 재료를 보관하기 위한 냉장고나, 열을 제공하기 위한 인덕션 쿠커, 전자레인지 정도는 구비하는 것이 좋다. 그리고 쿠키나 간단한 빵을 구우려면 오븐이 있어야 한다. 또한 푸드 테라피에 들어가는 각종 집기나 조리도구를 보관하려면 싱크대의 수납공간을 이용해서 진열하는 것이 좋다. 요리 도구의 진열은 푸드 테라피를 효율적으로 진행할 수 있도록 사용하기 쉽게 배치하여야 한다.

개인 상담을 하려면 기본적인 집기류로는 1개의 테이블과 3-4개의 의자가 있으면 좋다. 그러나 의자를 사용할 경우에는 어른과 아동 모두에게 편한 것이어야 한다. 그러므로 높이가 자유롭게 조절될 수 있어야 한다.

제9장

푸드 테라피
상담 과정

01 접수

　내담자들은 흔히 면접 상담만을 생각하고 의뢰를 하는 경우가 대부분이며 먼저 전화로 상담을 의뢰하는 경우의 내담자들은 내담자의 문제행동이 가벼울 경우이다. 너무 위급할 경우에는 기본적인 정보만을 확보하려는 내담자들이 대부분이지만, 일반적으로 내담자들은 전화 접수를 먼저 등록하고 상담 날짜와 시간을 예약하고 직접 찾아와서 상담을 의뢰하는 방문 접수로 나눌 수 있다.

1) 전화 접수

　상담과 치료를 받기 위해서 대부분의 내담자들은 전화로 처음 상담을 하게 된다. 그러나 전화 상담이 성공적으로 이루어지기는 상당히 어렵다. 왜냐하면 내담자들은 전화 상담만으로 모든 문제를 해결하려고 하는 욕구들이 있으며 상담·치료실을 방문하기를 꺼려하는 경우가 허다하다. 그러므로 전화 접수는 상담이 성공으로 연결되느냐 연결되지 못하느냐는 전화 상담자의 역할이 중요하다.

　따라서 상담자는 전화 통화를 통해 내담자의 기본적인 정보 즉, 내담자의 이름, 집 주소나 부모의 직장 주소, 연락이 가능한 전화번호와 현재의 내담자가 가지고 있는 문제 유형과 상황 정도 등에 대해 이야기를 나누며 기록을 하게 된다. 전화접수는 상담을 하는 시간이 아니라 첫 면담을 약속하기 위한 최소한의 정보를 수집하는 것이므로 처음부터 내담자가 가지고 있는 문제의 원인과 성장 배경까지 질문할 필요는 없으며, 상담할 시간 약속을 정하는 것이 좋다. 그러나 많은 전화 내담자들은 전화 상담을 통하여 문제를 해결하려고 하므로 심지어는 1시간이 넘도록 이야기를 하는 경우가 허다하다.

　전화 접수는 기본적인 요건 즉, 상담 중에 필요한 점을 알려주고, 상담은 어떤 과정으로 이루어지는지, 상담 비용, 정확한 상담 시간의 약속, 얼마 동안 상담하는지 등을 확실하게 알려주어야 한다. 또한 정상적으로 상담을 접수하려면 어떤 방법과 절차로 할 것인지도 명백하게 알려 주어 인식시켜야 한다.

전화 접수할 때 성공적으로 이루어지려면 다음을 유의해야 한다.

가) 전화접수 시 요리심리상담사는 내담자에게 신뢰감을 주도록 해야 한다. 얼굴이 보이지 않는다는 상황을 이용하여 내담자는 지나친 요구와 전화 통화로 모든 것을 다 해결하려는 의도를 가질 수도 있다. 그럴수록 요리심리상담사는 짧은 시간 안에 요리심리상담사가 전문성이 있음에 대하여 신뢰감을 주어야 한다. 따라서 요리심리상담사는 단순히 내담자의 고통을 들어주고 이해하는 사람이 아니라, 상황과 사실을 정확히 인식하고, 판단하여 어떻게 대처해야 할지를 아는 전문가로서의 권위를 가진 사람이라고 내담자에게 인식하도록 해야 한다.

나) 전화 접수 중 내담자의 상담에 '지나치게 별것 아니다'거나 '시간이 해결한다'고 하는 식으로 상담을 해가면 '시간만 지나면 좋아지겠지'라는 막연한 기대감을 주게 되고 내담자가 상담에 대한 동기가 저하되어 상담하려던 마음이 없어질 수 있다.

다) 상담을 처음 하는 내담자들은 상담 과정에 대해 너무 구체적이고 정확한 정보를 주면 오히려 상담에 대한 동기를 떨어뜨려 역효과를 낸다. 왜냐하면 사람들이 느끼는 대부분의 문제나 상황들이 전문가들이 이야기를 할 때는 내담자들이 듣기에는 너무 간단하게 생각하는 부분들일 수도 있기 때문이다.

라) 내담자가 위급한 상황에 처해 있어 긴급한 문제에 대하여 상담을 요하는 내담자일수록 정보 제공만 받고 여러 상담실을 방문·상담하는 성향을 보인다. 또한 문제 행동이 줄어들면 치유된 것으로 보고 근본적으로 해결하려 하지 않기 때문에 방문 약속을 지키지 않을 수 있고 그로 인해 심각하고 근본적인 치료를 해야 하는 문제를 묻어 두는 경우도 많다.

마) 전화상담 시 기본적인 정보만을 갖고 내담자의 상태나 장애를 단정하게 되면 오히려 내담자의 보호자들이 심적으로 자신의 잘못을 비난받거나 무능하다고 평가받을 것 같은 두려움과 불안 때문에 상담을 포기할 수도 있다.

2) 방문 상담

내담자가 직접 상담실을 찾아오는 방문 상담일 경우에는 내담자와의 관계에서 누가 참여할지를 결정하는 것은 매우 중요하다. 방문 상담에 가족 구성원 전체가 오는 경우, 부모만 만나는 경우, 한 부모만 방문하는 경우, 주 양육자(할머니, 보모 등)만 방문하는 경우, 내담자만 만나는 경우, 부모와 내담자를 따로따로 만나는 경우가 있다. 방문 상담에서 상담자가 누구를 만날 것인가는 주 내담자가 가족의 구성원 중에 어떤 위치의 누구인지, 문제를 일으키는 주요인이 무엇이며 상황과 환경은 어떠한지, 요리심리상담사가 추구하는 이론적 접근 방법과 의도 등에 따라 달라질 수 있다. 가족 치료적인 접근에서는 가족을 모두 방문하게 하며, 개인 상담을 하는 경우에는 구성원 개개인의 개별 면담을 해야 할 것이다.

그러나 내담자를 대상으로 하는 상담의 경우에는 성인 상담의 경우와는 다르므로 내담자와 부모를 모두 만나 보아야 하며 필요하다면 가족 구성원이 다 참여해야 하는 경우도 있다. 또한 내담자와 부모를 모두 만날 때에도 함께 만날 것인지, 따로 만날 것인지를 결정하는 것도 요리심리상담사의 몫이다. 또한 내담자와 부모를 따로 만난다 할지라도 내담자를 먼저 상담할 것인지 부모를 먼저 상담할 것인지에 따라 치료 프로그램 계획과 치료 효과에도 상당한 차이가 있다.

02 상담의 시작

1) 서로 인사를 한다.

요리심리상담사는 내담자가 상담받고 싶은 이유에 대한 설명을 듣고, 요리심리상담사는 추가적인 정보를 물어서 상담을 어떻게 할지를 결정한다. 상대방의 마음이 열리게 되면 "무슨 일을 도와드릴까요?", "문제에 대하여 좀 더 자세하게 이야기를 듣고 싶은데 괜찮을까요?" 등의 질문으로 상대방의 마음의 문을 열고, 원활한 상담을 시작할 토대를 마련할 수 있다.

2) 요리심리상담사는 상담의 목적과 소요 시간과 요리심리상담사의 역할과 내담자의 의무에 대하여 설명해 주고, 내담자에게 따를 수 있는가를 질문한다.

성공적인 상담의 가장 근본은 무엇보다도 상대방에 대한 이해와 믿음이다. 요리심리상담사의 첫인상은 상담을 결정하는 중요한 요소이므로 상담 과정 내내 내담자가 불쾌하지 않게 이해받고 있다는 믿음을 가지게 해야 한다.

3) 내담자가 요리심리상담사의 각종 준수 사항에 따를 수 있다고 하면 상담 계약서를 작성한다. 상담 계약서는 2부 작성해서 요리심리상담사와 내담자가 나누어 가진다. 다음에 제시하는 상담 계약서는 일반적인 계약서이므로 상황이나 상담 분야에 따라 수정해서 사용해도 좋다.

4) 계약서가 작성되면 요리심리상담사는 내담자에게 상담이 시작됨을 알려준다.

5) 요리심리상담사는 전문적인 촉진자로서의 역할을 수행하고, 내담자는 상담을 받을 자세로 전환한다.

03 신뢰감 형성

요리심리상담사는 내담자와의 만남이 이루어지면 신뢰의 관계를 만들어 나가야 한다. 요리심리상담사와 내담자 간에 믿음이 형성되어 있지 않다면 좋은 상담은 시작하기 어렵다. 요리심리상담사는 내담자에 대하여 정확히 분석을 해야 하기 하는데 신뢰감이 형성되지 않고는 서로 간에 상담이 제대로 이루어지기 어려운 것이다. 또한 상담 과정 중에서도 신뢰감이 형성되어 있지 못하면, 요리심리상담사는 내담자에게 다양한 커뮤니케이션을 해야 하는데 내담자가 마음의 문을 열지 않는다면 요리심리상담사의 말에 대하여 불신하거나 받아들이지 않기 때문에 효과가 생기기 어렵다.

신뢰감 형성이란 내담자가 요리심리상담사에 대해서 마음의 문을 열고 있는지, 요리심리상담사가 내린 판단과 생각에 대하여 동의를 하고 그대로 받아들일 수 있는지, 요리심리상담사를 항상 순수하게 대하고 따를 수 있는지, 요리심리상담사가 제시한 사안을 실천하여 자기 문제를 해결해 나갈 능력이 있는지 등을 예의 주시해서 보면서 내담자가 요리심리상담사에 대하여 긍정적으로 생각하도록 마음의 문을 여는 작업을 말한다.

요리심리상담사와 내담자 간의 신뢰감을 형성하기 위해서는 상대방에 대한 이해, 일관적인 성실성, 상담에 대한 전문성을 확보하여 이를 보여 주는 것이다. 이러한 요리심리상담사의 행동 특성이 내담자에게 느껴지고 전달될 때에 요리심리상담사에 대하여 충분히 이해하고, 신뢰감이 형성되며, 요리심리상담사와 효과적으로 상호작용 및 정신적인 교류를 할 수 있다.

1) 상대방에 대한 이해

이해란 자신이 직접 경험하지 않고도 다른 사람의 감정과 상황을 거의 같은 내용과 수준으로 이해하는 것을 말한다. 상담에 있어서 상대방에 대한 이해가 바탕이 되지 못한다면 요리심리상담사는 내담자의 상황이나 감정을 이해하지 못하기 때문에 효율적인 상담이 이루어지기 어렵다. 상대방에 대한 이해라는 것은 내담자가 말하는 내용에서 관찰될 수 있는 것으로 상담 과정 내내 내담자의 감정, 태도 및 신념처럼 쉽게 나타나지 않는 것까지도 정확하게 분석하여 이해하도록 노력해야 한다.

내담자는 요리심리상담사가 자신에 대하여 충분하고 있음이 전달되면 요리심리상담사를 보다 신뢰하게 되어 내담자가 마음의 문을 여는 데 도움이 된다. 이를 위해서는 내용을 잘 듣고 있을 뿐 아니라 심층적 느낌까지도 이해하려고 노력한다는 사실을 내담자에게 보여주려고 노력해야 한다.

2) 일관적 성실성

성실성이란 정성스럽고 진실된 품성을 말한다. 요리심리상담사는 상담 과정 내내 성실성을 가지고 상담 과정을 수행해야 한다

. 이것이 바로 일관적 성실성이다. 요리심리상담사는 상담 과정에서 시종일관 내담자에게 진실되고, 개방적이고, 정직하고, 신뢰하는 사람임을 보이려고 노력하는 것이 필요하다. 그렇다고 요리심리상담사의 모든 감정을 있는 그대로 모두 표현할 것을 요구하는 것은 아니고 말한 것이 진실되고 일관성이 있어야 한다는 것이다.

우리는 일상생활에서 남을 배려한다는 마음에서, 부정적인 반응을 초래하리라고 예측되는 감정 표현을 자제하거나 회피하거나 심지어는 거짓말을 하는 경우가 많다. 그러나 이러한 솔직하지 않음이 오히려 나쁜 부정적 결과를 가져온다는 것은 명심해야 한다. 따라서 상담 과정 중에서 내담자의 변화가 마음에 들지 않거나 태도가 마음에 들지 않는다면 솔직하게 말해서 문제를 해결하게 하는 것도 중요하다.

3) 상담 전문성 확보

전문성이란 어떤 분야에 상당한 지식과 경험을 말한다. 성공하는 상담이 되려면 상담분야에서 최고가 되겠다는 굳은 결심과 노력이 성공의 필수 요건인 것이다.

전문성을 확보하고 있는 사람이 상담에 대한 식견도 갖추면 대단한 경쟁력을 보유하게 될 뿐만 아니라 내담자에게는 자연적으로 신뢰감과 나아가 존경심까지 유발하여 효율적인 상담이 이루어진다.

전문성을 나타내는 방법은 내담자의 학력, 직업, 경제적 수준에 맞게 수준에 맞는 용어로 전개를 해야 한다. 따라서 전문직에 종사하는 내담자를 만나게 되면 통계적 수치를 이용하여 논리적으로 변화를 가져오게 해야 하며, 노동자 계층인 경우 딱딱하고 재미없는 이론적

인 이야기보다는 밝고 교훈적인 경험담으로 상담을 하는 것이 좋다. 직급이 높은 내담자는 그들에 대한 예우를 깍듯이 해주어 불쾌한 감정이 생기는 일이 없도록 해야 한다. 물론 직급이 낮은 내담자를 만나도 존경받는 상담을 받는다는 의식을 심어주어야 한다.

그러나 무엇보다 중요한 것은 요리심리상담사가 내담자를 도우려 할 때, 내담자가 자신의 문제를 스스로 해결하려는 의지가 없다면 그를 도울 수 없다.

04 문제 파악

모든 문제를 잘 해결하기 위해서 가장 중요한 것은 문제를 정확히 파악하는 것이다. 상담에서도 내담자의 상담 목적을 정확하고 빠르게 파악하는 것이 상담 시간을 줄여 주는 것이다.

그러나 처음 만나는 내담자에게서 상담의 목적을 정확하게 파악하는 것은 쉽지 않다. 상담의 목적을 쉽게 파악하는 가장 좋은 방법은 공감대 형성을 통해 내담자의 이야기를 통해서 아는 것이다. 그러나 내담자는 상담을 받고자 하는 마음만 조급하지 자신에 대해서 무엇이 문제인지를 모르는 경우가 많다. 따라서 내담자의 진술에만 의존하기보다는 대화 중에 내담자를 충분히 분석하여야 한다. 요리심리상담사는 내담자의 문제가 무엇인지를 정확히 분석할 줄 알아야 한다. 또한 내담자의 문제를 정확히 분석하기 위해서 먼저 내담자의 신상에 대한 이야기를 통하여 자연스럽게 말문을 열게 한다. 그리고 내담자의 고민이 무엇인지 들어본다. 그리고 상담이 필요한 이유를 들어 본다. 이 단계에서 충분한 문제 분석이 이루어지지 못하면, 내담자가 말하는 사실을 왜곡하여 상담할 가능성이 높다.

요리심리상담사는 내담자가 표현하는 자신의 현재 상황이나 가치관, 문제 등에 대한 솔직한 표현을 많이 할 수 있도록 촉진시켜야 한다. 요리심리상담사는 내담자의 진술한 내용 중에서 내담자가 가진 현상을 분석하고 그에 따른 문제가 무엇인지를 파악할 수 있다. 그러나 문제가 무엇인지 파악하는 것은 그리 쉽지 않다. 내담자는 자신의 이야기를 하면서도 자신의 문제가 무엇인지 파악 못한다. 따라서 요리심리상담사는 내담자의 대화 속에서 문제가 무엇인지, 그가 속한 신체적, 물리적 환경은 어떠한지, 내담자의 심리, 지적·기능적 발달 수준, 대인관계 수준은 어느 정도인지, 가족 및 기타 환경은 어떤지, 내담자의 상담에 대한 기대와 동기는 어느 정도인지를 정확히 알아야 명쾌한 상담이 이루어질 수 있다.

상담 중에 요리심리상담사의 철학, 가치, 경험, 문화적 배경, 가족 배경 등은 치료에 영향을 준다. 또한 요리심리상담사의 언어 유형, 옷 입는 방법, 행동 등도 영향을 미친다.

요리심리상담사가 어떤 이론적 관점을 취하든 간에 잘 이끌어진 치료란 새로운 체계적 방법 속에서 내담자의 경험을 재구성하는 것이다. 요리심리상담사의 이론이란 재조직을 수행하기 위한 하나의 체계이다. 요리심리상담사가 어떤 틀이든 이론적 틀을 갖고 있지 못하다면 문제 해결을 위한 사고가 불분명하게 되므로 혼동을 초래할 수 있고 그로 인해 내담자는 자신의 문제에 대한 새로운 이해를 얻지 못하게 된다. 그러므로 요리심리상담사의 이론적 관점의 선택은 좀 더 일관된 방법으로 요리심리상담사의 작업을 이끌어 줄 수 있으며, 내담자의 감정과 사고를 이해하는데도 도움이 된다.

　푸드 테라피 초기의 내담자는 호기심을 표현하고 창조적인 요리를 증가시키며 행복감과 불안감을 모두 나타낸다. 푸드 테라피 시간이 되기 전에 흥분되어 기다린다거나 요리심리상담사를 보기만 해도 좋아하는 표정을 짓기도 한다. 마치 허니문과 같은 달콤함을 나타내는 시기이다.

05 내담자 이해하기

    내담자가 푸드 테라피 활동 중간이나 끝나고 나서 작품을 다 만들었을 때 내담자의 표현에 대해 그대로 받아들이며 자유로운 감정 표현을 격려해 주어야 한다. 또한 내담자의 독특한 생각과 느낌을 수용하고, 내담자 간에도 서로의 표현을 존중하고 격려하도록 돕는다.

- 상담 과정 중에 요리심리상담사는 다음 사항을 유의하면서 상담을 진행한다.

- 내담자에게 일어나는 감정을 표현할 수 있는 기회를 많이 준다.

- 모든 내담자가 감성 표현에 참여할 수 있도록 적극적으로 유도한다.

- 소극적인 내담자는 감정 표현 자체에 박수나 칭찬을 해 줌으로써 자신감을 갖게 한다.

- 자신과 타인과의 감정은 다를 수 있으므로, 내담자 간에 서로 비교하지 않는다.

- 긍정적 감성뿐만 아니라 부정적 감성이라도 내담자 개인의 표현을 존중하여 반응한다.

- 내담자 스스로 서로의 생각과 느낌이 다르다는 것을 인정하고 격려하도록 돕는다.

- 푸드 테라피 활동 중 우연히 발생한 감성적 상황이라도 놓치지 말고 4~5분 정도 내담자가 함께 이야기 나눌 수 있도록 배려한다.

- 인지적 성격이 강한 수학·과학 활동을 진행하는 중에도 요리심리상담사는 내담자의 의지나 느낌을 표현할 수 있는 감성적 어휘를 사용한다.

- 감성 구성 요소에 대한 이해를 높여 생활 주제에 적합한 활동을 연결 지을 수 있는 감각을 표현하도록 하며, 내담자의 개성을 존중해야 한다.

06 행동변화 촉진

　상담의 가장 핵심은 내담자가 지속적으로 자신이 설정한 목표대로 행동을 변화시켜가도록 촉진하는 것이다. 따라서 요리심리상담사는 내담자의 행동 변화를 촉진하기 위하여 내담자의 잠재 능력의 위대함을 계속 일깨워주며, 서서히 변화하는 모습을 확인시켜 줌으로써 내담자에게 자신감을 심어주어야 한다. 이러한 자신감은 강한 동기를 부여하여 원하는 목표를 달성하도록 도와준다.

　그러나 요리심리상담사가 아무리 변화를 촉진한다고 해도 내담자의 행동 변화를 가져오는 것은 쉽지 않다. 왜냐하면 사람마다 자기가 살아온 습관이 있으며, 세상을 살면서 자기도 모르는 사이에 편해지고 싶다는 사고가 굳어져 만들어져 있기 때문이다. 누구든지 자신의 행동을 바꾸고 싶다면 우선 사고하는 '버릇' 혹은 '습관'을 점검하고 고쳐야 한다. 결국 행동을 바꾸려면 먼저 사고부터 전환해야 한다.

　빠른 성공을 기대하는 내담자에게 상담 과정은 길게만 느껴질 수 있다. 그러나 세상의 어떤 일도 갑자기 성공하는 경우는 없다는 것을 알려주어야 한다. 목표를 달성하기 위하여 오직 최선을 다해 열심히 해야만 한다는 것을 알려주어야 한다.

　성격이 급한 내담자는 바로 결과가 나오길 바란다. 따라서 실천하는 과정이 길면 길수록 실망을 느껴서 스스로 포기하는 경우가 있다. 그러나 실제로 당시에는 도움이 되지 않는 일도 나중에 그 경험이 어디에 도움이 될지 전혀 예상할 수 없는 것이다. 따라서 지금 하고 있는 일이 당장에는 의미가 없을지 모르지만, 나중에는 큰 도움이 될 때가 많다는 것을 알려주어야 한다.

　의지가 약한 내담자는 열심히 추진하고 있던 계획이 실패로 끝나면 쉽게 좌절할 수 있다. 이럴 때 요리심리상담사는 내담자가 실패나 좌절이라는 결과만을 보고 쓸데없이 시간만 낭비했다고 생각하지 않도록 한다. 결국 실패는 성공으로 이르게 하는 수단이기 때문이다.

　행동으로 옮기는 것이 늦은 내담자에게 목표는 부담스럽기 때문이다. 이럴 때는 목표를 달성했을 때 얻을 수 있는 위치나 이익에 대하여 상상하게 해보면 그렇게 되고 싶은 행동을

유발하는 효과가 있다. 또는 반대로 목표를 달성하지 못하거나 실패했을 때를 상상하게 해
보면 초조하게 만들어 행동을 유발하는 효과를 가져온다.

07 피드백

　상담의 마지막은 피드백 단계이다. 피드백을 하는 이유는 지금까지 상담의 목표를 세운 대로 얼마나 달성했는지를 평가하고 그에 따라 부족한 부분을 메꾸고 이끌어 주기 위한 것이 피드백 단계이다.

　피드백의 주기는 통상적으로 상담을 실시한 후 1주일이 지나면 1차 피드백을 한다. 그리고 주기적으로 1주마다 피드백을 한다. 마지막 피드백은 최종적으로 상담이 끝나는 날 하게 된다.

　피드백의 주체는 내담자 자신이 할 수도 있고, 요리심리상담사가 해 줄 수도 있다. 그러나 상담이 종료되는 시기에 하는 최종 피드백은 반드시 요리심리상담사가 해야 한다.

　피드백의 평가요소는 첫째, 지난 1주간 정한 목표 이행에 충실했는가?, 둘째, 목표에 따라서 나의 행동이 얼마나 변화를 했는가?, 셋째, 목표를 달성하기 위하여 문제점은 없는가?, 넷째, 목표 달성을 위하여 현재의 방법이 지속되어도 좋은가 아니면 일부 수정을 해야 하는가? 등이다.

　피드백의 목적은 피드백을 통해서 단기 목표를 새로 정하거나 수정해야 한다. 단기 목표를 새로 수립할 때는 피드백의 결과에 따라 목표를 달성한 것과 달성하지 못한 것으로 구분하여 달성하지 못한 것에 대해서는 집중적으로 이루어져야 한다.

　상담이 종료되지 않은 경우에는 단기 목표를 새로 정하거나 수정하는 것이 얼마든지 가능하지만, 최종 피드백의 결과를 반영하기 위해서는 내담자의 동의가 있어야 한다. 계약한 상담 과정이 종료하였기 때문이다. 따라서 내담자가 상담 계약 기간의 연장에 동의하거나 사안에 대해서만 지속적으로 받기를 원한다는 승낙이 있어야 한다.

08 상담 종결

내담자가 느끼는 문제가 해결되어 내담자가 상담을 마쳐도 무리가 없을 단계에서 상담을 끝낸다. 너무 일찍 상담을 정리할 경우 내담자가 불안을 느끼며, 반대로 종결을 적절히 못한 경우는 요리심리상담사나 내담자 모두 지루함을 느끼므로 종결을 잘해야 한다. 종결은 요리심리상담사의 판단에 의한 종결과 내담자의 제안에 의한 종결할 수 있으나 갑작스럽게 종결될 수도 있다.

그래서 적당한 시기에 종결해야 하지만 그렇게 쉬운 일은 아니다. 종결하기 전에 내담자가 같은 상황에 부딪칠 경우 대응 방법을 연습하는 것도 반드시 거쳐야 할 과정이다.

또 내담자의 문제가 요리심리상담사로서는 이미 해결할 수 없을 경우나 다른 감정적인 문제로 상담을 지속할 수 없는 경우, 다른 요리심리상담사에게 의뢰하거나 전문인에게 의뢰하여 상담을 정리하는 것도 한 방법이 된다.

상담의 종료는 갑자기 종료하는 것이 아니라, 종료를 위해 사전에 계획하여야 하며 내담자와 합의하는 과정도 필요하다. 유미숙(1997)에 의하면 내담자의 경우에는 내담자의 수준에서 받아들일 수 있도록 고안된 방법을 사용하여야 한다고 한다. 내담자라고 일방적으로 부모와 요리심리상담사의 합의로 결정하는 것은 옳지 못하다. 내담자가 종료를 거부한다면 그 만한 이유가 있다고 본다. 치료가 잘 된 경우에는 내담자도 자연스럽게 종료를 받아들이므로 그 이유를 살펴보아야 한다. 내담자에게 준비가 안된 상태에서 종료를 서두르는 것은 아닌지 탐색해 볼 필요가 있다.

내담자가 어릴 때에는 4회 정도 전에 종료를 알리고 내담자의 종료 시까지의 남은 회수만큼의 사탕 부케를 준비하여 상담 시간이 끝날 때마다 사탕을 한 개씩 가져가 마지막 사탕을 가져가는 날은 종료라는 의미를 확실히 알게 하는 방법을 사용하기도 한다. 어느 정도 나이가 있는 내담자에게는 앞으로 몇 회 후에 상담을 종료할 것이라는 것을 알리는 계약서를 작성한다. 또한 한번 올 때마다 한 번씩 사인하여 남은 회수를 요리심리상담사와 내담자가 동시에 확인하는 방법을 사용하기도 한다. 어떤 방법이든 내담자가 종료를 알기 쉽게 납득할 수 있는 방법이면 된다.

09 지속적인 관심

상담이 끝났다고 해서 바로 인간관계를 끝내는 것은 아니다. 상담의 종료는 상담을 종료한 것이지 인간관계는 지속됨을 의미한다. 따라서 지속적인 만남을 통해서 내담자의 변화를 점검해 주고, 격려해 주는 관심이 필요하다. 대부분 상담이 끝났다는 것은 요리심리상담사의 목표가 어느 정도 달성되었다는 것을 의미하지만, 혼자 상담의 목표를 습관으로 만드는 것이 어려울 수 있다. 그래서 상담을 받을 때는 효과가 있지만 상담이 끝난 후에는 다시 원상태로 돌아가는 것을 막기 위해서는 지속적인 만남을 통한 관심을 가져주어야 한다.

지속적인 만남은 꼭 면대면의 만남이 아니어도 좋으며, 전화나 문자를 통해서도 충분히 가능하다. 지속적인 만남은 내담자의 필요에 의해서 이루어지기도 하지만 요리심리상담사의 제안에 의해서 이루어지기도 한다. 기간은 대략 분기별 또는 월별 1회 정도가 적당하다.

제10장

푸드 테라피
적용 방법

01 주제 선정

내담자에게 푸드 테라피의 효과를 높이기 위해서는 과제 즉, 푸드 테라피의 주제를 잘 선정해야 한다. 푸드 테라피의 주제는 주로 '만들어야 할 작품'과 '요리 방법'등으로 되어 있다.

푸드 테라피의 주제는 상담지에 써야 할 큰 주제가 함축적으로 제시되어야 한다. 그리고 '요리 방법'에는 만들고자 하는 작품의 방향과 방식 등이 제공된다. 따라서 푸드 테라피의 주제는 내담자에게 충분히 설명해 주어야 한다.

푸드 테라피의 주제가 이미 내담자가 경험한 내용이면 문제가 되지 않지만, 경험하지 못한 내용이라면 그림책이나 사진으로 보여주어야 한다.

예를 들어 코끼리를 만들어서 코끼리의 행동 특성에 대한 이야기를 하기 위해서 먼저 고려해야 하는 것은 내담자가 코끼리를 보았는지를 알아야 하며, 보지 못했는데 만들라고 하면 만들 수 없을뿐더러 내담자는 짜증이 날 수밖에 없다. 코끼리를 보지 못한 상태에서 코끼리를 만드는 푸드 테라피를 하려면 먼저 내담자에게 코끼리의 사진이나 그림을 보여주고 이렇게 만든다는 것을 알려 주어야 한다.

02 제목 설정

푸드 테라피가 효과적으로 진행되기 위해서는 제목이 있어야 한다. 제목은 푸드 테라피의 주제로서 말이나 글로 표현했을 때의 주제를 말한다. 주제가 있어야 푸드 테라피가 이루어지듯 논제가 없는 독서는 말 그대로 책 읽기로 끝나듯 푸드 테라피도의 주제가 되는 푸드 테라피의 제목을 설정하지 않으면 그냥 요리 수업이 된다.

따라서 푸드 테라피를 통해서 효과적인 상담이 이루어지게 하려면 푸드 테라피의 제목에 대한 설정을 통해 어떤 주제로 말하게 하거나 글로 표현하게 할 것인지가 있어야 한다. 즉, 푸드 테라피를 통해서 상담을 잘하게 하기 위해서는 내담자가 푸드 테라피를 하면서 요리하기 전, 푸드 테라피를 하는 중, 푸드 테라피가 끝난 후 논리적으로 표현해야 할 것이 무엇인지를 정확하게 알게 해주어야 한다. 예를 들면 푸드 테라피를 통한 상담을 준비하기 전에 "이번에는 무엇에 대한 상담이 이루어지게 해야겠다."라는 푸드 테라피의 제목을 설정해야 한다.

처음에는 푸드 테라피를 하면서 상담한다는 것이 쉽지 않기 때문에 푸드 테라피를 하기 전이나 하는 도중에 요리심리상담사가 제목을 알려주는 것이 좋다. 푸드 테라피를 하는 내담자에게 지도하는 사람이 미리 예고를 통해서 "내가 왜 이런 활동을 하는지?", "이런 활동을 통해서 내가 느낀 것은 무엇인지", "푸드 테라피를 통해서 배우는 것은 무엇인지?"를 생각하게 하는 것이다. 이런 것이 연습이 된다면 내담자는 자동적으로 푸드 테라피를 하면서 자연스럽게 상담이 이루어진다.

그러나 단순히 푸드 테라피만 시키고 작품을 다 만들고 나서 상담을 하면 엉뚱한 내용으로 표현하는 경우가 많다. 예컨대, 편식하는 내담자에게 토마토를 이용한 푸드 테라피를 시키고 토마토의 좋은 점을 설명하라고 한다면 "무조건 싫다"라고 한다. 그러나 푸드 테라피를 하면서 요리심리상담사가 지속적으로 사고를 자극할 수 있는 질문과 지식을 전달하면, 작품을 다 만들고 활동지 작성이나 질문에 대해서 답하면서 내담자는 무엇이 중요한지를 알게 되며, 상담 효과가 높아진다.

03 상담 계획 설계

푸드 테라피를 통해서 상담을 하는데 효과를 보기 위해서는 푸드 테라피에 대한 체계적인 계획이 필요하다. 모든 활동이 그렇듯이 아무 계획 없이 하다 보면 상담 효과가 떨어지지만 철저한 계획이 있을수록 푸드 테라피를 통한 상담은 계획에 비례적으로 효과가 나타난다. 푸드 테라피의 체계적인 계획은 7가지 원칙에 따라 언제, 얼마나, 어디서, 누가, 누구에게, 어떻게, 왜를 결정하는 것이다.

〈표 10-1〉 고려 사항

구분	기준	선택
언제	난이도	• 방과 후 • 주말 • 밤
얼마나	걸리는 시간	• 30분 • 1시간 • 2시간
어디서	주제나 조리방법의 복잡함	• 부엌 • 방 • 응접실 • 학원
누가	가르치는 사람이나 주제의 전문성 정도	• 부모 • 전문적인 지도를 받은 선생님 • 내담자 스스로
누구에게	가르치는 대상	• 자녀

		• 자녀와 친구 • 원생 • 제3자
어떻게	숙련도	• 푸드 테라피 주제만 알려 주고, 내담자가 직접 만들도록 하는 방법 • 푸드 테라피 주제를 알려 주고, 요리심리상담사가 만드는 것을 보여주고 따라 만들게 하는 방법 • 말로만 내담자가 푸드 테라피를 할 수 있도록 지도하는 방법 • 요리 과정 전체 동안 내담자와 함께 만드는 방법
왜	푸드 테라피를 통해서 무엇을 얻을 것인가	• 창의성 • 오감 자극 • 협응력 • 자신감 • 성취감 • 협동심

- 언제 : 푸드 테라피의 난이도에 따라 방과 후에 할 것인지, 주말에 할지, 밤에 할지를 결정하는 것을 넘어서 푸드 테라피에 걸리는 시간을 1시간으로 할지, 2시간으로 할 것인지를 결정하는 것이다.

- 얼마나 : 푸드 테라피를 하는데 걸리는 시간 즉, 소요 시간으로 30분, 1시간, 2시간으로 할지를 결정하는 것이다.

- 어디서 : 푸드 테라피의 주제나 조리방법의 복잡함에 따라 부엌에서 할지, 방에서 할지, 응접실에서 할지, 학원에서 할지를 결정하는 것이다.

- 누가 : 가르치는 사람이나 주제의 전문성 정도에 따라 부모가 해도 될 것인지, 전문적인 지도를 받은 선생님이 할 것인지, 스스로 하게 할 것인지를 결정하는 것이다.

- 누구에게 : 가르치는 대상에 따라 자녀를 가르칠 것인지, 자녀의 친구들과 같이 가르칠 것인지, 원생을 가르칠 것인지, 전혀 모르는 제3자를 가르칠 것인지를 결정하는 것이다.

- 어떻게 : 내담자의 푸드 테라피에 대한 숙련도에 따라서 푸드 테라피 주제만 알려 주고 내담자가 직접 만들도록 할 것인지, 푸드 테라피 주제를 알려주고, 요리 심리상담사가 만드는 것을 보여주고 따라 만들게 할 것인지, 말로만 내담자가 푸드 테라피를 할 수 있도록 지도할 것인지, 요리 과정 전체 동안 내담자와 함께 만들면서 할 것인지를 결정하는 것이다.

- 왜 : 푸드 테라피를 통해서 무엇을 얻을 것인가에 따라 창의성, 오감 자극, 협응력, 자신감, 성취감, 협동심 등을 느낄 수 있도록 푸드 테라피 활동 계획에 고려하는 것이다.

04 학습목표와 원리 알려주기

내담자가 푸드 테라피에 대해서 흥미를 갖기 위해서는 무작정 시키는 것이 아니라, 내담자와의 자연스러운 대화 속에서 같이 해야 할 푸드 테라피 활동의 목적이나 원리를 알려주는 것을 통해 내담자는 푸드 테라피 활동에 대하여 흥미를 가지게 되고 적극적으로 참여해야 하겠다는 동기를 유발하게 된다.

예를 들면, 밀가루 반죽을 이용해서 상상의 동물을 만드는 활동을 한다면 다음과 같이 학습목표, 밀가루의 특성 등을 알려주어야 한다.

☐ 학습목표

- 밀가루로 상상의 동물을 만들 수 있다.
- 상상의 동물에 대하여 설명할 수 있다.
- 숫자를 조합하고 읽을 수 있다.
- 밀가루의 성질을 설명할 수 있다.
- 밀가루의 부피가 달라짐을 설명할 수 있다.
- 밀가루를 반죽할 수 있다.

☐ 밀가루의 특성

밀의 기원은 정확하게 알려져 있지 않고 있으나, 밀의 화석이나 밀의 유전자 분석에서 추정하면, 서남아시아에서 기원전 10,000~15,000년 전에 최초로 재배된 것으로 알려져 있습니다.

밀가루는 밀의 종류, 기후, 토질 등에 따라서 품질이 다르며, 같은 종류의 밀이라도 제분 과정, 정제 정도에 따라 다릅니다. 제분 시 처음 나오는 밀가루는 전분 함량이 많고, 단백질 함량이 낮다. 밀의 외부 쪽으로 갈수록 단백질 함량이 높아집니다. 밀은 쌀, 옥수수와 함께 세계 삼대 곡물 중의 하나로, 북미, 유럽, 오세아니아, 쌀은 아시아, 옥수수는 라틴아메리카, 아프리카에서 주요한 식량으로 이용되고 있다.

05 재료와 방법 선택

1) 재료를 준비한다.

푸드 테라피 활동에 들어가는 재료를 준비해 준다. 요리 재료는 고학년일수록 작품을 지정해 주고 직접 구매하게 하면 수학 능력 및 돈을 사용하는 방법 등을 구체적으로 깨닫게 되어 교육적 효과가 높다. 그러나 저학년일수록 요리심리상담사가 사주는 것이 좋다. 그러나 저학년이라도 준비된 재료를 가지고 계량하는 방법에 대해서는 스스로 할 수 있는 기회를 주는 것이 좋다. 예를 들면 무게를 단다든지, 수량을 맞춘다든지, 크기를 맞춘다든지, 잘라 놓는 것을 시키면 이를 통해 다양한 장점을 발달시키는 데 효과가 높다.

2) 만드는 방법을 알려준다.

이 단계에서는 요리 재료를 가지고 어떤 공정을 거쳐야 하며, 어떤 조리 도구를 어떻게 사용하는 가를 알려주는 것이다. 가장 좋은 방법은 요리심리상담사가 먼저 내담자 앞에서 시연을 해주고 그에 따라 내담자가 따라 하게 하는 것이 좋다. 그러나 요리심리상담사가 자세하게 지도할수록 따라 하는 능력밖에는 생기지 않는다. 따라서 만드는 방법은 모든 과정을 다 알려주기보다는 원리를 알려주고 그에 따라 어려운 조리 방법이나 조리 도구의 사용방법을 알려주어 창의적인 활동이 많이 가미되도록 해야 한다. 그러나 아무리 창의적 활동이 중요하다고 해서 위험한 공정을 내담자에게 맡기기보다는 요리심리상담사가 위험한 공정은 해주는 것이 좋다.

06 질문하기

내담자가 주어진 재료를 가지고 푸드 테라피 활동을 시작하면 요리심리상담사는 옆에서 내담자에게 창의력, 탐구력, 사고력, 발표력을 길러주는 질문을 하면서 내담자에게서 얻고 싶은 효과를 얻어내도록 해야 한다. 내담자가 푸드 테라피 활동을 하는데 아무 질문이 없으면 말 그대로 요리를 배우게 되는 것이고, 요리를 시작하기 전과 요리를 하고 있는 중간에, 요리를 끝내고 나서의 질문을 적절히 사용하면 상담을 통해서 요리를 통한 과학, 수학, 미술과 같은 학습능력을 높일 수 있다.

다음은 밀가루로 상상의 동물을 만들면서 물어보는 질문의 형태이다. 이를 활용해서 푸드 테라피에 적용하면 좋은 결과가 나온다.

1) 준비 중 질문

- 밀가루가 왜 중요한지 아니?
- 밀가루로 만들 수 있는 것들이 무엇이 있을까?
- 네가 가장 좋아하는 동물은 무엇이니?
- 왜 그 동물을 좋아하지'?
- 먹는 음식 중에 밀가루로 만든 것은 무엇이 있을까?

2) 과정 중 질문

- 밀가루의 촉감은 어떠니?
- 반죽을 질게 하려면 어떻게 해야 하니?
- 동물을 어떻게 하면 잘 만들 수 있을까?
- 밀가루에 색을 내려면 어떤 것을 넣으면 좋을까?

- 밀가루를 튀기는 것 말고는 어떻게 하면 먹을 수 있을까?

- 어떻게 하면 달게 만들 수 있을까?

- 만드는데 무엇이 생각나니?

- 어떻게 먹고 싶어?

3) 종료 후 질문

- 어떤 것이 제일 잘 만들어졌을까?

- 어떤 동물이 예쁜지(크지, 무섭지)?

- 왜 예쁜지(크지, 무섭지)?

- 어떤 동물이 가장 보기 좋지?

- 누구를 주고 싶니?

- 밀가루 말고 무엇으로 만들면 좋을까?

07 정리하기

　푸드 테라피 활동을 하게 되면 작업대를 중심으로 혼란스럽게 어지러워지기 마련이다. 이때 내담자에게 자기가 어지른 것은 스스로 정리하는 습관을 길러주어야 한다. 정리하는 것을 알려주지 않으면 내담자는 푸드 테라피 활동만 하고 나머지 정리는 요리심리상담사가 하는 것으로 인지하게 되고 그에 따라 생활 습관도 모든 청소나 정돈은 요리심리상담사에게 의존하게 된다. 따라서 푸드 테라피 활동 중에는 꼭 정리하기까지 포함되어 있다는 것을 알려 주어서 자신이 흥미를 갖고 전개했던 푸드 테라피 활동의 마지막은 정리로 끝남을 알려주어 습관화해야 한다.

제11장

발달 단계에 따른 푸드 테라피 활동

01 발달 단계에 따른 상담 방법

내담자는 발달 단계에 따라 신체의 기능이나, 언어 구사력, 사고력 등에서 커다란 차이를 보인다. 따라서 아동을 위한 푸드 테라피라고 해서 모든 시기의 내담자들에게 똑같이 적용해서는 원하는 목표를 달성하기 어렵다. 따라서 내담자의 발달 단계에 따라 푸드 테라피는 달라져야 한다.

1~2세의 시기에는 내담자들의 언어 구사력이나 사고력을 기대할 수 없기 때문에 신체 기능을 발달시키는 오감 자극, 대근육, 소근육, 협응력, 균형감각을 기르는 측면에서 푸드 테라피라기 보다는 요리 재료를 가지고 하는 놀이 활동을 적용하는 것이 좋다. 3~5세는 언어 구사력이나 사고력을 어느 정도 기대할 수 있기 때문에 푸드 테라피를 통해 신체 기능을 발달시키거나 수학, 요리, 과학, 성취감, EQ, 사회성을 높이는 활동을 적용하는 것이 좋다. 6~7세는 신체 기능 발달이나 언어 구사력과 사고력이 발달하는 시기로 요리를 통하여 신체기능 정교화, 수학·요리·과학 등의 학습능력을 높이거나, 예절, 바른 생활, 청결의식을 높이는 활동을 적용하는 것이 좋다. 8세 이후에는 초등학교에 입학하는 나이로 언어 구사력이나 사고력뿐만 아니라 신체 활동이 정교화되어 감에 따라 전문적인 푸드 테라피도 좋지만 푸드 테라피를 통한 창의력이나 논리력, 탐구력, 어휘력을 높이는 고급 활동을 적용하는 것이 좋다. 이를 도표로 분류하면 다음과 같다.

〈표 11-1〉 발달 단계에 따른 활동 방법

나이	상황	목표
1~2세	신체의 급속한 발달 정서표현 가능, 외부의 자극에 대해 민감	• 오감자극 • 대근육 • 소근육

		• 협응력
		• 균형감각
3~5세	감정의 변화가 심함 신체운동 능력	• 신체기능 발달
		• 수학
		• 요리
		• 과학
		• 성취감
		• EQ
		• 사회성
6~7세	신체 기능 발달, 언어 구사력이나 사고력이 발달	• 신체기능 정교화
		• 학습능력
		• 예절
		• 바른 생활
		• 청결의식
8세 이상	언어 구사력이나 사고력뿐만 아니라 신체 활동이 정교화	• 창의력
		• 논리력
		• 탐구력
		• 어휘력

　아동의 발달 단계에 따라 푸드 테라피 프로그램을 적용한다면 1~2세는 요리 재료를 통한 놀이 활동이기 때문에 '쿠킹 플레이'라고 하며, 3~5세는 기초 학습능력을 키우는 것이기 때문에 '쿠킹 스터디'라고 하며, 6~7세는 본격적으로 학습에 관련된 능력을 키우는 것이기 때문에 '쿠킹 파워'라고 하며, 8세 이상은 고차원적인 사고력을 요하는 논리력, 상상력, 창의력을 키우는 것이기 때문에 '쿠킹 로직'이라고 한다.

　프로그램의 분류는 목표를 기준으로 내담자의 발달 수준에 따라 일반적인 프로그램을 제시한 것이므로 내담자의 발달 수준에 따라서 목표나 프로그램을 변경할 수 있다. 프로그램의 난이도는 발달 수준이 높을수록 높으며, 상급 프로그램은 하위의 모든 목표를 포함하고 있다. 따라서 같은 나이라고 해도 발달 수준이 빠른 내담자에게는 상급 프로그램을 진행할 수도 있으며, 발달 수준이 낮은 내담자에게는 하급 프로그램을 진행할 수도 있다.

02 놀이가 필요한 영아기

　1~2세가 되는 영아기의 내담자는 기쁨이나 즐거움 같은 긍정적인 정서를 자주 표현한다. 또한 친숙하지 않은 환경에 대한 두려움이 나타나며, 낯선 사람에 대한 두려움이 나타나는 시기이다. 그러나 부모와 같이 자신을 존중해 주는 특정인에 대해서는 애착심을 갖고 기쁨을 표시한다. 부모는 내담자의 정서표현에 대하여 기쁘고 즐거운 태도를 보임으로써 긍정적인 정서를 촉진시킬 수 있다.

　또한 이 시기의 내담자는 자신의 감각 및 신체에 대한 인식은 초보적인 상태로 받아들여져 외부의 자극 중 주로 감각적 자극에 반응한다. 예를 들면 외부로부터 주어지는 단순한 시각, 청각, 촉각, 후각, 미각 등 감각적 자극에 대하여 민감하게 느끼거나 반응한다. 또한 손으로 만져보거나 눈으로 봄으로 인해서 자신의 감각기관을 통해 주변 환경을 탐색할 수 있는 능력을 가지고 있다. 따라서 이 시기는 외부의 자극에 대하여 흥미를 가지고 있기 때문에 즐거움을 강화시켜 주기 위한 새로운 장난감을 주는 것이 좋은데 이를 요리 재료로 활용하는 것은 매우 좋은 방법이다. 이때 부모는 내담자들이 신체활동에 대하여 기쁜 감정을 표현해 주면 내담자의 행동을 강화시키는 역할을 해준다. 그러나 한꺼번에 너무 많은 장난감이나 요리 재료를 주면 과잉 자극이 되어 내담자에게 혼란을 주므로 조심해야만 한다. 또한 단순한 기능을 반복시키기보다는 내담자에게 웃음과 즐거움을 줄 수 있는 게임 형태로 적용하는 것이 좋다.

　또한 이 시기의 내담자는 자신을 정성을 다해 보살펴 주는 사람을 좋아하고 그에 대하여 긍정적인 태도를 보이기 때문에 요리 재료를 통한 놀이 활동을 하면서 내담자에게 사랑과 헌신으로 안내하고 있다는 것을 알려주어 아기가 자아존중감을 강화시키는데 도움을 주어야 한다.

　이 시기의 내담자는 부모가 모든 것을 다 해주는 것보다는 자신이 독립적으로 할 수 있다는 독립심을 키우고자 하기 때문에 부모는 내담자가 쉽게 할 수 있는 푸드 테라피를 선정하여 독립적으로 할 수 있도록 많은 기회를 제공해 준다.

따라서 이 시기에는 아동에게 요리를 가르친다기보다는 요리 재료를 가지고 다양한 놀이 활동을 상담하는 것이 좋다.

〈표 11-2〉 영아기 푸드 테라피 활동

목표	구체적 활동
오감 자극하기	• 미각, 시각, 후각, 청각, 촉각을 자극할 수 있는 재료를 선정하여 오감을 자극을 하는 활동
대근육 조절하기	• 요리 재료를 들었다 놓기 • 요리 재료의 장소 변경하기 • 요리 재료를 옮기기
소근육 발달시키기	• 요리 재료를 집기 • 요리 재료를 껍데기 벗기기 • 밀가루 반죽 모양을 만들기 • 밀가루 반죽 빚기
협응력 기르기	• 요리 재료를 블록처럼 쌓기 • 요리 재료를 끼우기 • 요리 재료를 그릇이나 컵 등에 넣기
균형감각 기르기	• 요리 재료를 수평으로 들기 • 요리 재료를 수직으로 들기 • 요리 재료의 같은 높이 맞추기

03 기초 학습능력이 필요한 유아기

3~5세가 되면 감정의 지속시간은 아주 짧다. 내담자들은 기뻐했다가 금방 화내고 또 슬퍼졌다가 금방 기뻐진다. 내담자는 종종 놀이를 통해 자신의 정서를 표현한다. 따라서 이 시기에는 밀가루 반죽을 이용하여 자신의 정서를 표현하는 것을 만들도록 하는 것이 내담자를 이해하는 데 도움을 준다. 또한 요리 재료를 가지고 자신의 느낌이나 재료의 입장이 되어서 이야기해보라는 역할극을 해 보는 것도 좋다.

부모는 푸드 테라피에서 나타난 내담자의 정서 표현에 대해 느낌을 알려주고 칭찬과 격려를 통해 내담자의 능력을 인정해 주는 것이 좋다. 이때의 내담자는 안정적이고 일상적으로 습관화된 일에 대해서 선호를 하고, 친숙하지 않은 새로운 요리 재료나 활동에 대해서는 많은 불안감을 갖게 된다. 이럴 때 부모는 내담자들이 안전하다는 것을 확신시키고, 계속해서 활동에 대한 이야기를 해 주고, 스케줄을 알려주는 것이 좋다.

이 시기의 아동은 다양한 신체활동을 경험하고, 적극적으로 참여하여 신체운동 능력을 증진시키는 시기다. 기본적인 감각적 자극에 대하여 민감하게 반응하는 감각 능력을 가지게 된다. 자신의 신체를 긍정적으로 인식하는 시기로 자신의 신체를 조절하고 기본 운동 능력을 기르기 때문에 우선 신체의 명칭과 기능을 이해시켜야 한다. 또한 2가지 이상의 감각기관을 동시에 활용하기도 하며 다양한 감각기관을 활용하기도 하기 때문에 푸드 테라피를 통한 5감을 촉진시키는 것이 매우 효과적이다.

푸드 테라피를 통해서 내담자들이 갖는 불안감이나 좌절감을 없앨 수 있으며 자제력을 키우고 독립심을 발달하게 할 수 있다. 따라서 내담자의 감정을 우습게 여기거나 결과에 대하여 벌주지 말고, 내담자에게 푸드 테라피가 안전하다는 것을 설명하고, 못하는 것은 부모가 해 줄 것이라 신뢰감을 주어 안심시켜야 한다.

〈표 11-3〉 유아기 푸드 테라피 활동

목표	구체적 활동
대근육 조절하기	• 푸드 테라피를 통한 신체 각 부분의 움직임 알기 • 신체 각 부분의 특징을 활용하여 푸드 테라피 하기 • 조리 활동을 통해서 신체 각 부분의 움직임을 조절하기 • 요리 재료 섞기 • 요리 재료를 다지기 • 요리 재료를 반죽하기 • 도구를 활용하여 다양한 조작 운동하기 • 요리 재료 던지기 • 요리 재료 건네기
소근육 발달시키기	• 불러주는 요리 재료를 골라 집어 들기 • 플라스틱 칼이나 쵸코 팬 등 간단한 도구를 사용하기 • 그리기나 만들기 도구 활용하기 • 요리 재료를 던지거나 잡기 등 조작 운동하기
협응력 기르기	• 요리 재료 깎기 • 요리 재료 자르기 • 요리 재료 썰기
균형감각 기르기	• 푸드 테라피를 하면서 다치지 않는 안정된 자세를 취하기 • 정확하게 작품을 만들기 위해서 신체 균형을 유지하기 • 가장 편한 자세를 찾기 • 푸드 테라피의 안전을 위해 바른 자세로 앉고 서기 • 푸드 테라피의 안전을 위해 바른 자세로 걷기
수학의 기본 개념 익히기	• 아라비아 숫자 만들기 • 홀수, 짝수 구별하기 • 더하기 개념 익히기 • 빼기 개념 익히기

과학의 기본 개념 익히기	• 촉감 구분하기 • 맛 구분하기 • 냄새 구분하기 • 소리 구분하기 • 색깔 구분하기
요리의 기본 개념 익히기	• 그리기 • 붙이기 • 오리기 • 찍기 • 만들기
EQ 높이기	• 성취감 느끼기 • 자신감 키우기 • 집중력 높이기 • 인내력 키우기 • 창의력 높이기 • 사고력 키우기 • 계획 세우기 • 실천력 키우기 • 표현능력 키우기
사회성 키우기	• 공동으로 만들기 • 공동으로 정리하기 • 성실성 키우기 • 협동심 키우기

04 학습능력이 필요한 아동기

　특히 6~7세 아동기의 신체적 건강과 발달은 모든 발달의 출발점이 되고 건강한 신체에서 건강한 정신이 형성될 수 있다는 점에서 그 의의는 크다. 현대 사회의 생활 방식이나 환경의 변화에 따라 과거에 비해 아동의 체격은 많이 신장하였으나 체력은 저하되고 있다. 또한 아동의 신체 움직임은 단순히 신체적 건강이나 운동 기능을 향상시킬 뿐만 아니라 사회성 및 정서적 발달의 측면에 이르기까지 영향을 주기 때문에 매우 중요하다. 특히 오늘날 아동은 과거에 비해 앉아서 하는 활동의 비중이 높고 아동기에 충분히 발달되어야 하는 운동 기술의 부족으로 건강상의 문제를 갖게 되어 기본 운동 기능 학습이 절대적으로 요구되는 시기이다.

심신의 조화로운 발달을 위해 예방적 차원에서 건강의 개념을 강조하고 신체 건강뿐만 아니라 정신건강도 도모한다. 건강에 대한 개념이 과거에는 개인의 신체적 상태로써 질병을 치료하는 의미로 사용되었으나 최근에는 이보다 훨씬 넓은 범위로 사용되어 신체적, 정신적, 사회적 안녕의 상태를 의미하는 것으로 확장되면서 건강에 대한 관심이 매우 높아졌다. 따라서 아동기의 푸드 테라피는 아동의 건강 생활을 실천하기 위해 필요한 지식뿐만 아니라 기술 및 태도도 체험하게 할 수 있다. 아동에게 있어 푸드 테라피는 다른 아동교육 분야와 달리 영양이나 건강과 관련하여 기본 지식을 습득하는 데 도움이 된다. 또한 푸드 테라피는 아동이 건강한 삶을 살도록 올바른 생활습관이나 태도를 형성할 수 있게 해준다. 특히 푸드 테라피는 아동의 생존과 직결되므로 위험한 상황을 정확하게 판단하고 적절히 대처할 수 있는 기술을 습득하게 해준다.

　이 시기는 초등학교에 들어가기 전의 나이로 기초적인 학습능력을 배양해야 할 때로 아동이 자연과 주변의 친근한 사물에서 예술적 표현의 소재가 되는 다양한 재료를 찾게 하기 위하여 직접 보고, 듣고, 만지고, 움직이고, 찾는 등의 능동적이고 직접적인 경험을 갖는 것이 필요하다. 또한 창의적 표현 능력의 배양을 위해 그림 그리기나 만들기, 율동 등과 같은 예술적 표현 활동이 필요하며 어휘, 문장 구성 능력 및 언어적 표현 능력을 길러야 할 때이다. 푸드 테라피는 주변의 쉽게 구할 수 있는 요리 재료를 직접 보고, 듣고, 만지고, 움직일 뿐만 아니라 그림 그리기나 만들기, 음악을 통한 표현능력을 길러주며, 푸드 테라피를 통해서 어휘, 문장 구성 능력 및 언어적 표현 능력을 길러줄 수 있다.

또한 기본 생활 습관으로써 예절, 질서, 절약정신을 습득해야 하며, 가족의 소중함을 알고 형제간에 화목하게 지내야 하는 것을 깨달아야 한다. 원만한 학교생활을 위해서 타인에 대해서 정직, 고마움의 표현, 실수에 대하여 사과하는 방법을 알아야 하며, 감정과 욕구 조절하기, 공동체 속에서 사는 방법을 터득해야 한다.

아동에게 푸드 테라피는 내담자에게 식생활을 통한 예절, 질서, 절약정신을 길러주며, 직접 요리를 해보면서 부모의 고마움을 알게 되고, 먹고 싶은 감정을 적절히 조절하는 능력을 기르게 된다. 또한 공동으로 푸드 테라피를 하면서 공동체 속에서 사는 방법을 터득하게 된다.

〈표 11-4〉 아동기 푸드 테라피 활동

목표	구체적 활동
수학의 개념 익히기	• 분류하기 • 순서 짓기 • 기초적인 측정하기 • 시간에 대한 기초 개념 알기 • 공간과 도형의 기초 개념 알기 • 기조적인 통계와 관련된 경험하기
요리의 개념 익히기	• 색의 혼합 알기 • 부조 만들기 • 소조 만들기 • 조각 만들기 • 입체 도형 만들기 • 공간지각 능력 익히기
	• 신체 각 부분의 명칭을 알려주기 • 신체를 만드는 영양소나 요리 재료를 연관시켜 알기

과학의 개념 익히기	• 신체 각 부분의 구조와 기능을 알기 • 신체에 필요한 영양소 알려주기 • 작품을 만들면서 자신의 신체 능력을 긍정적으로 인식하게 하기 • 요리 재료를 관찰하고 특성 알기 • 물의 역할 알기 • 요리 도구 사용법 알기
예절 지키기	• 바른 자세와 태도로 식사하기 • 어른 먼저 먹기
바른 식생활 하기	• 음식물의 필요성 알기 • 음식물 골고루 먹기 • 음식을 소중히 여기기
몸 깨끗하게 하기	• 요리하기 전 손 닦기 • 자기 주변을 깨끗이 하기

05 고차원적인 사고능력이 필요한 학령기

8세 이후는 초등학교에 입학하는 나이로 부모는 무엇보다 학습능력의 향상을 원한다. 그러나 내담자의 학습능력의 향상은 부모의 기대와는 다르게 형성되기도 한다. 공부는 하고 싶어서 해야 하는데 부모의 과도한 기대나 요구는 오히려 학습능력에 대해서 부담이 되어 더욱 공부와 멀어지게 하는 원인이 될 수 있다. 따라서 내담자에게 학교나 학원에서 배우는 지식으로 학습능력을 키우기보다는 원리를 가르쳐 공부에 대하여 자기주도적으로 참여하게 하는 것이 중요하다.

학습을 주도적으로 참여하게 하는 좋은 방법은 바로 푸드 테라피를 통한 것이다. 푸드 테라피는 내담자의 흥미를 바탕으로 하고 있으므로 자연스럽게 푸드 테라피에 학습적인 요소를 가미함으로 인해서 자기주도적인 학습능력을 기를 수 있다. 또한 내담자들의 IQ를 높이기 위해서 필요한 것은 창의력, 논리력, 탐구력, 어휘력을 길러주는 것이다. 푸드 테라피를 전개함에 있어서 창의력, 논리력, 탐구력, 어휘력을 높이는 활동을 전개한다면 IQ를 높이는 데 도 도움이 된다.

또한 내담자가 학교에 입학하면 새로운 학교 환경에 쉽게 적응할 수 있도록 도와주어야 한다. 학교생활에 잘 적응하기 위해서는 기본적인 생활 규범을 익히고 바른 인간관계를 형성하게 해야 한다. 따라서 푸드 테라피를 통해 생활 규범이나 예절을 익히게 하고 학습에 필요한 최소한의 기초적인 기능을 습득해야 한다.

〈표 11-5〉 학령기 푸드 테라피 활동

목표	구체적 활동
창의력 높이기	• 주변 상황에 대해 관심 가지고 탐색하기 • 새로운 요리 재료 제공하기

	• 새로운 요리방법 알기
	• 다양하게 생각하기
	• 독특하게 생각하기
논리력 높이기	• 문제 해결하기
	• 공간지각 능력 높이기
	• 다양한 제작 방법 알기
	• 다양한 결과가 있음을 알기
	• 이야기 만들기
	• 작품 결과 설명하기
	• 원인과 결과 설명하기
탐구력 높이기	• 유추하기
	• 관찰하기
	• 비교하기
	• 규칙 찾기
	• 기억하게 하기
	• 자기주도적으로 하게 하기
	• 변화 인식하기
어휘력 높이기	• 만든 목적 말하기
	• 만드는 방법 말하기
	• 사용한 도구 말하기
	• 사용한 재료 말하기
바른 식생활하기	• 음식물의 필요성 알기
	• 음식물 골고루 먹기
	• 음식을 소중히 여기기
몸 깨끗하게 하기	• 요리하기 전 손 닦기
	• 자기 주변을 깨끗이 하기

제12장

푸드 테라피 기법

01 푸드 테라피 기법

푸드 테라피는 언어적 치료와 비언어적 치료를 위해 푸드 테라피를 이용하는 치료다. 푸드 테라피를 통해 내담자의 정신적, 심리적 고통을 감소시키고, 현재와 미래의 생활 상황을 극복해 나갈 수 있도록 하는 것이 푸드 테라피의 목적이다.

푸드 테라피는 초기 발달 단계의 억압된 갈등을 요리로 시각화한 다음 치료로 진행된다. 내담자가 그린 그림에 대한 토론과 분석, 해석이 푸드 테라피의 출발점이 되며 분석의 전제조건은 내담자의 정신적 상태가 비교적 조작되지 않았다는 가정이다. 내담자의 소망, 꿈, 억압 등과 관련되는 푸드 테라피에는 내담자의 무의식 세계가 표현되므로 내담자의 내면세계를 해석하는 단서로 활용된다.

〈표 12-1〉 푸드 테라피 기법

구분	방법
자유롭게 그리기	식빵같이 평평한 요리 재료에 내담자가 주제나 방법, 요리 재료를 스스로 결정하여 그리게 하는 것
주제에 맞게 그리기	인물, 가족, 친구, 집, 나무, 산, 동물, 길 등의 과제를 미리 주고 내담자가 마음대로 그리게 하는 것
입체적으로 그리기	평평한 요리 재료 면을 도화지 삼아서 그림을 야채, 과자, 쨈, 치즈 등 다양한 요리 재료를 이용해 입체적으로 그리는 것
오려 붙이기	평평한 요리 재료 면을 색종이처럼 오려서 작품을 만드는 것으로 일명 콜라주라고도 한다.
공간 구성하기	빈 공간을 인지하고 다양한 재료로 채워 넣는 표현활동을 말한다.
눌러 붙이기	쌀가루 반죽을 밀어서 찍거나 손으로 눌러서 여러 가지 형태의 모양을 만드는 것

장식으로 인물 표현하기	어떤 장면이나 부분 따위를 인상 깊고 의미 있게 만들거나 꾸미는 것
조소로 표현하기	밀가루나 떡 반죽으로 인물상을 만들거나 자기의 느낌을 표현하게 하여 해석하게 한다.
과일과 야채로 신체 만들기	과일과 야채를 이용하여 자르거나 연결해서 신체의 모양과 비슷하게 만들어 본다.

02 자유롭게 그리기

    푸드 테라피에서 자유롭게 그리기는 식빵같이 평평한 요리 재료에 내담자가 주제나 방법, 요리 재료를 스스로 결정하여 그리게 하는 것을 말한다. 자유롭게 그리기는 내담자가 좋아하는 것을 그리기 때문에 무엇을 좋아하는지 진단을 할 수 있으며 그 결과에 따라 치료에 모두 활용할 수 있다. 자유롭게 그리기는 결국 내담자의 무의식을 표현하는 데 크게 도움이 된다. 식빵을 구워 갈색으로 만들어서 사용할 수 있다.

03 주제에 맞게 그리기

　푸드 테라피 과정에서 내담자가 좋아하는 주제는 자유롭게 그리는 중에 나타나지만 때로는 특별한 결과를 원할 때는 주제를 제시해 주어야 한다. 특별히 과제를 주는 주제 화법은 인물, 가족, 친구, 집, 나무, 산, 동물, 길 등의 과제를 미리 주고 내담자가 마음대로 그리게 하는 것이다. 이상 행동에 대한 내면의 욕구와 그 욕구를 저지하는 압력을 잘 알 수 있다. 또는 내담자가 무엇을 싫어하고 있는지, 현재의 감정 상태를 그리도록 제안할 수 있다.

　선으로 그리기는 평평한 먹거리 위에 시럽이나 각종 소스를 이용해서 도형이나 그림을 그리는 것을 말합니다. 즉 제일 간편하게는 식빵같이 평평한 먹거리를 도화지 삼아서 그림을 그리도록 하는 것이다. 그림을 그리는 재료는 아이가 좋아하는 시럽이나 쩜 또는 소스를 얇게 나오게 하여 선으로 그림을 그리게 하는 것이다.

04 입체적으로 쌓기

    입체적으로 쌓기는 접시를 도화지 삼아서 그림을 입체적으로 쌓는 것이다. 입체화는 평평하게 표현된 점에서는 회화에 가까우나 입체적인 감각으로 표현된 점에서 조각의 일종으로 부조라고 한다. 부조는 회화처럼 한 방향에서 보는 것이다. 그림을 입체적으로 그리는 것은 선으로만 그리는 것이 아니라 야채, 과자, 쨈, 치즈 등 다양한 요리 재료를 이용해서 주제를 선정해 준 대로 그리도록 하면 된다.

05 오려 붙이기

오려 붙이기는 평평한 요리 재료 면을 색종이처럼 오려서 작품을 만드는 것으로 일명 콜라주라고도 한다. 콜라주 기법은 거부의 감소, 분노의 노출, 희망에 대한 상징 등 다양하게 활용할 수 있다. 표현이 쉽고, 그리기보다 정확한 감정 전달이 우수하나 선택할 수 있는 평평한 요리 재료가 많아야 한다. 자기감정을 나타내기, 가족이나 친구에게 말하고 싶은 것, 선물 주고받고 싶은 것, 타인에 대한 느낌 표현, 문제의 예방 및 대처 방법 등을 쉽게 표현할 수 있다. 오려 붙이기에 사용하는 소재는 풍경화, 인물, 동물 등 다양하다. 오려 붙이기에서 활용하는 재료는 요리 재료 중 얇은 치즈나 어묵, 김, 식빵, 햄 등은 물론이고 조리를 통해서 얇게 만들 수 있는 것들도 사용할 수 있다.

아동이나 성인, 정상적인 사람, 정신질환자 등에게 모두 적용할 수 있다. 만든 순서를 적고, 무엇을 만들었는가를 해석하게 한다. 이것은 푸드 테라피 과정이나 초기에 사용할 수 있으며, 내담자의 거부감이나 저항, 공포를 제거할 수 있다.

06 공간 구성하기

　공간 구성하기는 삶은 감자나 고구마 등 다양한 재료를 손 근육을 이용해 만드는 것을 말한다. 공간 구성하기는 빈 공간을 인지하고 다양한 재료로 채워 넣는 표현활동을 말한다. 표현하고자 하는 공간을 마음대로 꾸미거나 주제를 주어서 구성해 상상력과 응용력을 길러 주는 작업이다.

　공간에는 강, 산, 밭, 길, 집, 나무, 사람, 꽃, 동물, 돌, 첨가하고 싶은 것을 만들어 넣게 하고, 그것에 대해서 계절, 시각, 기후, 내의 흐르는 방향, 사람과 집, 밭 등의 관계에 대해서 이야기한다. 치료 가능성의 평가와 문제점의 추측과 관찰에 유용하다. 진단과 치료에 모두 사용할 수 있으며, 모래상자 놀이 치료 전문가들이 즐겨 쓰는 방법이다.

　정신분석적 푸드 테라피에서 꿈을 활용하듯이, 꿈을 말로 설명하는 것이 아니라 직접 야채와 과일로 만들어서 표현하는 것이다. 아동 가운데 말로 표현하는 것보다 자기 의사를 잘 전달할 수 있는 경우에는 꿈을 만들어 표현하게 하는 것이 좋다. 예컨대, 꿈에서 본 것을 만들게 함으로써 악몽을 통한 경험을 명료화하고 이야기함으로써 꿈에서 상징화된 분노의 충돌들을 잘 이해하도록 도울 수 있다.

07 장식하기

장식하기는 어떤 장면이나 부분 따위를 인상 깊고 의미 있게 만들거나 꾸미는 것을 말한다. 구운 머핀을 표현하고 싶은 부재료로 예를 들어 아이싱이나 초코 펜, 스프링클로 꾸미면서 색다른 즐거움과 창의력을 키울 수 있다.

1) 가족 만들기

가족 만들기는 밀가루나 쌀 반죽을 가지고 가족을 만들게 하여 내담자의 심리나 가족의 체계 및 가족 지각을 파악한다. 가족 만들기를 한 후 각 인물상이 누구인가, 연령, 무엇을 하고 있는가를 질문한다. 해석에 있어서는 인물상의 행위와 그림의 양식(구분, 포위 등), 상징(책상 등), 그림의 역동성(크기, 거리, 방향, 생략 등) 등을 기준으로 하여 진단한다. 가족 만들기는 진단에도 활용하고 가족치료에도 사용할 수 있다. 예컨대, 개별 치료는 가족 만들기를 통해서 개인의 내적 문제 및 가족 내의 관계를 드러내게 하여 스스로를 통찰할 수 있게 하는 것이며, 합동가족치료는 가족 전원이 가족 만들기를 하여 가족 전원이 심상을 형상화하면서 이야기를 만들어 간다.

2) 가정, 학교생활 그리기

가정, 학교생활그림은 아동이 가족이나 학교에서 좋아하는 것을 그리게 하여 아동의 가정, 학교생활을 파악하는데 좋으며, 치료에도 활용하고 가족을 함께 그려보면 아동생활 전체를 이해하는데 유용하다. 선생님, 친구, 본인을 포함해서 그리게 한다. 대부분의 아동은 가정, 학교생활에 대한 그림을 거부하는 경향이 적다.

3) 머핀으로 협동화 만들기

가족이나 소집단들에게 머핀을 하나씩 나누어 주고 머핀에 그림을 그리게 한다. 가족 전체가 같이 참여하면 비언어적 방법과 언어적인 방법 모두를 경험케 한다. 진단 시에는 그 집단의 체계를 분석할 수 있고, 치료 시에는 협동심, 커뮤니케이션 기능, 자발성, EQ, 사회성, 집단 이해, 인간관계 등을 높일 수 있어 매우 좋은 방법이다.

08 조소로 표현하기

조소는 소조와 조각으로 구분되는데 소조는 무른 재료를 안에서부터 붙여가며 만드는 방법이다. 반면 조각은 단단한 재료를 밖에서부터 깎아 가며 표현 방법을 말한다.

조각은 수정이 어려워 계획성이 필요하며, 칼로 인해 손이 베일 위험이 있기 때문에 소조를 많이 활용한다.

조소의 표현 요소는 양감, 공간감, 재질감, 동세, 균형으로 이루어져 있고, 이런 요소는 3차원의 공간에서 입체의 아름다움을 효과적으로 표현한다.

조소는 촉감 지각과 관계하는 조형 활동이다. 푸드 테라피에서는 그리기가 중심이 되는 미술치료 영역에서 벗어나 다양한 표현이 가능한 조소를 활용하기 쉽다.

밀가루나 떡 반죽으로 인물상을 만들거나 자기의 느낌을 표현하게 하여 해석하게 한다. 밀가루나 떡 반죽에 천연물감을 넣어 사용하면 웬만한 것들을 다 만들 수 있다. 언어화가 결핍된 내담자에게 유용하며 과도한 언어화를 나타내는 사람들에게는 감각적 요소를 강조할 때 사용한다. 특히, 분노나 적개심의 표현, 대상관계가 부족한 내담자의 치료에 유용하다.

부록

투드 테라피 평가서

202 년   월   일   요일
작성자 :

주제 및 과정

준비물

참여자 평가

상담 계약서

푸드 테라피는 요리심리상담사와 상담을 원하는 사람 사이에 지속되는 유대관계를 통하여 내담자가 가지고 있는 문제나 목적을 해결하기 위하여 서로 노력한다. 성공적인 상담을 위해서 우리는 다음 사항에 동의하며 성실히 수행할 것을 약속한다.

1. 푸드 테라피는 상담가나 전문 의사가 하는 정신질환, 질병, 약물 중독에 대한 치료가 아니다. 또한 요리심리상담사는 법률에서 정한 면허나 자격을 갖추지 않았으므로 의학적 조언, 재정 원조, 법률 상담 등 법률이 정한 자격을 갖춘 행위에 대해서는 상담을 요구해서는 안 된다.

2. 푸드 테라피는 기본적으로 내담자가 가지고 있는 다양한 삶 속에서 생기는 문제를 분석하여, 환경에 잘 적응하게 하며, 정신적으로 건강하게 하고, 효과적으로 지위와 역할을 수행하면서, 자신의 삶에 변화를 만들고, 결국은 원하는 성공에 이르고자 하는 사람들을 위한 것이다.

3. 푸드 테라피는 삶 속에서 생기는 다양한 문제를 다루기 위해 고안된 것이다. 따라서 라이프 요리심리상담사는 모든 분야의 전문성을 가지고 모든 부분의 문제를 해결하거나 목표를 달성하게 하는 것이 아니라 특정 분야에 대한 전문가를 말한다. 따라서 내담자 _____는 _____분야에 대하여 상담을 받는다.

4. 푸드 테라피에서 포함될 내용은 경력 개발, 인간관계 향상, 자신감 획득, 생활 방식 관리, 시간관리, 자아 정체감 형성, 결정 내리기, 그리고 단기 또는 장기 목표 달성하기 등이 포함될 수 있다.

5. 푸드 테라피는 기본적으로 ____개월 동안 실시하기로 한다. 단 어느 때든 한편에서 관계를 끝낼 수는 있으며, 원하는 목표가 달성되면 바로 끝낼 수 있다.

6. 푸드 테라피 방법은 면대 면을 원칙으로 하나 경우에 따라서는 비대면, 전화나 이메일을 통하여 이루어질 수 있다.

7. 푸드 테라피 과정에는 비전 세우기, 필기 과제 완성, 인생의 목표 세우기, 행동 실천하기, 생활방식 점검, 그리고 질문하기가 포함되므로 내담자는 이에 순응하여야 한다.

8. 푸드 테라피의 성공은 신뢰에 있으므로 요리심리상담사와 내담자는 항상 솔직하고 정직하고 서로를 배려해야 한다.

9. 만일 상담 서비스에 대한 보수 문제가 포함될 것이라면, 상담을 시작하기 전에 양측은 스케줄, 비용, 결제수단, 사전 약속이 취소될 시 반환 문제를 거론해야 한다.
예) 푸드 테라피를 받는 비용은 _____원으로서 결제수단은 현금으로 상담이 시작되기 전에 입금하여야 한다. 중간에 계약이 취소될 시는 비용/기간으로 나누어 남은 기간을 곱하여 반환한다.

10. 상담은 비밀이 보장되는 내밀한 유대 관계이며, 요리심리상담사는 비밀을 지키는 것이 법률을 위반하는 경우가 아닌 한, 모든 정보에 대해 엄격하게 비밀을 보장할 것을 동의한다.
요리심리상담사와 내담자는 위의 사항에 동의하며 그 결과를 아래와 같이 서명한다.

20 년   월   일

서명 (내담자) : 000   서명(요리심리상담사) : 000

03 요리심리상담사 양성과정 (2일 과정)

□ 교육 내용

   ○ 교육 기간 : 20 년 월 일(토)~ 월 일(일) 오전 10:00~오후 18:00(총 15시간)

   ○ 교육 장소 :

   ○ 모집 인원 : 20명

   ○ 수 강 료 : 35만원(강의 교재, 자격증 발급비 포함)

□ 배 경

   ○ 놀이치료에 대한 중요성과 요리에 대한 관심이 높아짐에 따라 새롭게 등장한 치료기법임

   ○ 푸드 테라피 활동은 자신이 지금까지 경험한 세계와 자신의 욕구를 표현하는 활동으로 말로는 표현하기 어려운 생각과 감정, 성격, 욕구와 소망 등을 요리를 통해서 표현하기 때문에 행동장애, 발달장애, 인지장애 등에 대한 진단이 가능함

   ○ 진단된 결과를 가지고 즐거운 요리를 하는 동안 자연스럽게 문제점을 치료하는 프로그램

□ 학습목표

   ○ 푸드 테라피 활동을 통해서 문제행동을 진단할 수 있다.

   ○ 푸드 테라피 활동을 통해서 치매예방을 할 수 있다.

   ○ 푸드 테라피 활동을 통해서 ADHD를 줄일 수 있다.

   ○ 푸드 테라피 활동을 통해서 문제행동을 수정할 수 있다.

   ○ 푸드 테라피 활동 상담 프로그램을 개발할 수 있다.

   ○ 푸드 테라피 활동 상담 프로그램을 적용할 수 있다.

   ○ 요리심리상담사로서 복지관이나 치료시설에 취업할 수 있다.

□ 모집 대상

　○ 유아교육 기관 종사자

　○ 보육 시설 종사자

　○ 복지관 종사자

　○ 상담 및 치료 관련 기관 종사자

　○ 조리사 및 영양사

　○ 외식산업 종사자

　○ 보건소 종사자

　○ 한국컬러푸드테라피협회 분

□ 세부내용

구분	시간	강의 제목	강사
1 일 차	10:00~11:00	푸드테라피의 개념과 이해	
	11:00~12:00	요리심리상담사의 역할과 자질	
	13:00~14:00	푸드테라피의 필요성	
	14:00~15:00	요리 교육과 푸드테라피의 차이	
	15:00~16:00	푸드테라피와 다른 재활치료와의 차이	
	16:00~18:00	푸드 테라피 활동을 통한 진단 방법	
2 일 차	10:00~11:00	푸드테라피의 이론적 배경	
	11:00~12:00		
	13:00~14:00	장애에 따른 푸드테라피의 실제	
	14:00~15:00		
	15:00~16:00		
	16:00~18:00	실습	

04 요리심리상담사 양성과정 (40시간 과정)

I. 사업 개요

□ 사 업 명 : 푸드 테라피를 위한 요리심리상담사 양성 과정

□ 교육 기간 : 20 년 월 일(화)~ 월 일( ) 오전 09:00~오후 13:00(총 10회 40시간)

□ 교육 장소 :

□ 모집 인원 : 30명

□ 수 강 료 : 무료

□ 소요 예산 : 지자체의 예산에 따라 변경

□ 위탁 기관 :

□ 사업 범위

○ 교육 프로그램 운영을 위한 전문 강사진 구성 및 섭외

○ 과정 신청자 상담 접수 및 교육생 선발

○ 과정 운영을 위한 전반적인 사항(교육장 준비, 강사 및 교육생 관리, 현수막 교재) 준비

○ 회차별 교육 진행 후 강사 및 강의 평가를 통한 만족도 조사

○ 학습 성과 제고를 위한 체계적인 학사관리

○ 사업 종료 후 15일 이내 결과 보고서 및 사업 정산서 제출

2. 사업 목적

□ 배 경

○ 놀이치료에 대한 중요성과 요리에 대한 관심이 높아짐에 따라 새롭게 등장한 치료기법임

○ 푸드 테라피 활동은 자신이 지금까지 경험한 세계와 자신의 욕구를 표현하는 활동으로 말로는 표현하기 어려운 생각과 감정, 성격, 욕구와 소망 등을 요리를 통해서 표현하기 때문에 행동장애, 발달장애, 인지장애 등에 대한 진단이 가능함

○ 진단된 결과를 가지고 즐거운 요리를 하는 동안 자연스럽게 문제점을 치료하는 프로그램

□ 학습목표

○ 푸드 테라피 활동을 통해서 문제행동을 진단할 수 있다.

○ 푸드 테라피 활동을 통해서 치매예방을 할 수 있다.

○ 푸드 테라피 활동을 통해서 ADHD를 줄일 수 있다.

○ 푸드 테라피 활동을 통해서 문제행동을 수정할 수 있다.

○ 푸드 테라피 활동을 통해서 상담 프로그램을 개발할 수 있다.

○ 푸드 테라피 활동을 통해서 상담 프로그램을 적용할 수 있다.

○ 요리심리상담사로서 복지관이나 치료시설에 취업할 수 있다.

3. 사업 내용

□ 프로그램의 개발

○ 정책적으로 미래에 유망한 직업을 바탕으로 개발

○ 수강생들의 적극적인 참여를 유도할 수 있는 프로그램 개발

○ 과정 종료 후에 실질적인 도움이 될 수 있는 프로그램 개발

○ 수강생의 만족도가 높은 프로그램 개발

○ 과정 종료 후에 전원 취업할 수 있는 프로그램 개발

○ 유관 기관과 긴밀한 네트워크 형성을 통한 프로그램 개발

□ 프로그램의 운영

○ 지속적인 참여를 위한 체계적인 학사관리 시스템 구축

○ 과정 진행 중 개인 면담을 통한 비전 설정

○ 수료 후 전부 취업할 수 있도록 맞춤형 진로 코칭

○ 특성 시의 프로그램으로 안착할 수 있도록 운영

□ 교육 일정

회차	일정	강의 제목	강사
1	월 일	푸드테라피의 개념과 이해 및 요리심리상담사의 역할과 자질	
2	월 일	푸드테라피와 심리치료의 비교	
3	월 일	요리심리상담의 이론적 배경 및 상담 과정을 통한 진단 방법	
4	월 일	요리심리상담 프로그램의 효과 및 요리심리상담사의 개념과 전망	
5	월 일	행동장애 심리 상담을 위한 푸드 테라피 활동 실습	
6	월 일	인지장애 심리 상담을 위한 푸드 테라피 활동 실습	
7	월 일	발달장애 심리 상담을 위한 푸드 테라피 활동 실습	
8	월 일	치매예방과 심리 상담을 위한 푸드 테라피 활동 실습	
9	월 일	ADHD 심리 상담을 위한 푸드 테라피 활동 실습	
10	월 일	총정리 및 수료식	

4. 교육 수료 후 진로

□ 기대 효과

○ 요리심리상담사로 활동할 수 있다.

○ 요리심리상담사로 복지관이나 치료시설에 취업할 수 있다.

○ 푸드 테라피 활동을 통해 문제 활동을 진단하고 수정할 수 있다.

○ 푸드 테라피 활동을 통해 ADHD를 줄일 수 있다.

○ 푸드 테라피 활동 상담 프로그램을 개발 및 적용할 수 있다.

□ 진로

○ 프리랜서로 푸드 테라피 심리상담가로 활동

○ 초중고등학교와 연계하여 심리상담사로 활동

○ 방과 후 학교 강사로 활동

참고문헌

강은주(2004) 글쓰기 치료(저널치료)란 무엇인가?. 한국독서학회 발표자료

김선현(2006). 마음을 읽는 미술치료. 넥서스BOOKS

김영진(2003), 심리학 역사 속에서의 상담이론 교육과학사

김영환(1997), 교양심리학, 중앙출판사

김유숙(2002). 가족치료 : 이론과 실제" 학지사

김정희(1993), 심리학의 이해, 학지사

김혜숙(2003).가족치료 : 이론과 기법" 학지사 (2003)

신숙재·이영미·한정원(2000). 아동중심 놀이치료. 동서문화원 .

신현균·김진숙(2000). 주의력 결핍 및 과잉행동 장애, 학지사

양유성(2004). 이야기치료. 학지사

유미숙(1997). 놀이치료의 이론과 실제. 상조사

이장호(1995). 상담면접의 기초. 중앙적성출판사.

이장호(1999), 정신분석적 상담 이론, 학문사

이장호(1999), 상담심리학의 기초, 학문사

임태우(2006). 미술치료란 무엇인가?. 개인발표자료

전도근(2006). 생산적 코칭. 북포스

전도근(2007). 아동요리의 이론과 실제. 교육과학사

전도근(2008). 요리치료의 이론과 실제. 교육과학사

정방자(1998) 정신역동적 상담, p22, 학지사

정현주(2005). 음악치료학의 이해와 적용

조현춘(2003), 심리상담치료의 이론과 실제, 시그마프레스

한국미술치료학회(20000). 미술치료의 이론과 실제. 대구 : 동아문화사

저자 소개

송유순

    저자는 창의문화교육연구 소장으로서 창의문화교육연구소 소장, 한국전통놀이협회 회장, 스토리텔링연구소 소장, 창의아동요리 연구소, 송유순의 푸드테라피 연구소 소장, 브레인에듀 연구소 소장으로 활동하고 있다.

    현재 아동요리, 푸드 테라피, 치매예방 교육, 노인 교육 프로그램을 개발하여 전국의 평생교육원, 다문화가정센터, 교육청, 치매안심센터, 농업기술센터 등에서 부모교육, 자녀교육, 아동요리, 푸드 테라피, 치매예방교육, 노후 설계, 자존감 향상, 의사소통, 심리상담 기법, 동기부여, 자녀와의 대화법, 청소년 리더십, 부모 리더십 등으로 특강을 다니고 있다. 저서로는 「우리 아이 자존감을 높이는 대화법」, 「전통놀이의 이론과 실제」 등이 있다.

송유순의 공감소통 푸드 테라피

초판1쇄 인쇄 - 2023년 8월 20일

초판1쇄 발행 - 2023년 8월 20일

지은이 - 송유순

펴낸이 - 이영섭

출판사 - 인피니티컨설팅

서울 용산구 한강로2가 용성비즈텔. 1702호

전화 02-794-0982

e-mail - bangkok3@naver.com

등록번호 - 제2022-000003호

※ 잘못된 책은 바꾸어 드립니다.

※ 무단복제를 금합니다.

9791193126080

ISBN 979-11-93126-08-0(13180)

값 20,000